风 筝

徐吉庆 编著

吉林文史出版社

目录

第四章　风筝小技巧

第五章　DIY风筝

第六章　风筝比赛

第一章

风筝的历史

风筝知多少

❖ 风筝的起源

风筝的起源地在中国。在中国，风筝作为一种玩具、一种工具，深受家家户户的喜爱。“斫木为鹞，三年而成，飞一日而败。”我国古代思想家墨子潜心钻研整整三载，终于用木头做了一只飞鸟，将它放飞，但可惜的是，仅仅一天之后，这只木制飞鸟就掉落在地面上摔坏了。然而根据史学家的考证，我们有理由相信墨子的这只木制飞鸟，就是我国历史上乃至人类历史上的第一只风筝。

❖ 风筝的历史

在墨子制作出木制飞鸟之后，人们很快便将这一发明进行改造，并且逐步形成了现在我们看到的各种类型的风筝。

在中国古代，放风筝不仅仅是一种娱乐方式，风筝还被用于军事等方面。

在汉朝时，大将军韩信就让人专门制作了许多大型风筝，并在风筝的首端安装一个发声器，需要时可以用弓箭射出。韩信命令士兵们在晚上将其射向楚国军队的军营，发出“咻咻咻”的奇怪叫声，以此来吓唬敌方士兵，令其夜不能寐，以此来增加战争的胜算。

在南北朝侯景攻占台城之时，风筝就曾被用于告急，但不幸的是，被侯景的士兵用弓箭击落，在求助无援的情况下，这座城池终被敌人攻占。

在唐代，纸张制造业的发展使得人们在制作风筝时，终于可以将笨重的木头换成纸糊的，这也使得风筝更快地进入了百姓生活之

中。而早在唐代早期的皇室之中，放风筝也是深受王公贵族们喜爱的解闷娱乐方式之一。

到了宋代，民间就已把放风筝作为一项趣味性强的运动。百姓在春天到来之时，将风筝放上蔚蓝的天空，把线割断，让风筝带走身上的坏运气，以此来祈求全家的平安幸福。

除此之外，风筝还是科学研究的工具。考古学界一致公认，中华民族是第一个利用风筝来进行天气勘测研究的民族。早在明朝的时候就有一个叫王逵的人，书写了《蠡海集》一书。在这本书里就有古代人民利用风筝来勘探当时的风速的故事，这一故事还被英国作家李约瑟写进了他的书中。

在1749年，美国天文学家威尔逊制造了世界上第一台空中试验仪。他用6个大风筝捆绑运载工具，将天文仪器放置在将近3000英尺高的高空中，完成了许多实验。

在100多年后的英国，一名普通民众劳伦斯·哈哥瑞夫则替美国气象局设计了一种可以装在箱中的拆卸式风筝，用它把气象仪器送到高空以测取风速和高度等数据。当时美国各地曾设立了近20个这种“风筝气象站”，一直使用了几十年，最后一个风筝直到1933年才光荣退休。因此我们也可以说风筝是最早的气象监控工具。

此外，我们从小就熟知的美国科学家富兰克林也与风筝有着不解之缘。一个风雨交加的夏日，在费城外围的山上，富兰克林父子放起了一只用金属丝和丝绸制成的风筝进行了我们都知道的“风筝实验”。风筝头上的那根铁针把空中的闪电沿着雨中的风筝线引到地面上的一把钥匙上，钥匙发出了耀眼夺目的火花，这一现象也就证明了“闪电就是电”这一命题，同时也正式揭开了雷电的奥秘，从而为现在的电学这门学科打下了坚实的基础。风筝实验后的第二年，富兰克林就向世界公布了保护大型建筑物的利器——避雷针。

你知道吗，风筝还与飞机的发明息息相关。在很早以前的古代，我国就有一些人坐在风筝上飞行的故事，我们也有理由相信，风筝就是最早的飞机。英国的格雷爵士在19世纪时，就曾用两只风筝充作飞机的两翼，做出了一架5英尺长的滑翔机，并用这架滑翔机在高空中完成了一场有关滑翔机的试验。

与此同时，19世纪中期沙皇俄国的士官莫伊斯基也设计了一只大型风筝，他把自己捆在了这只大型风筝上，这只风筝用一条粗绳子捆绑在一辆正在高速行驶的马车上，风筝由于牵引力慢慢腾空，

最后把他一起带到空中飞行。举世闻名的莱特兄弟在1899年率先做了一只双层的风筝，来观察它在空中旋转时的具体姿态和如何借助空气给它的力，由下落转向上升，最终发明了滑翔机。他们二人还于1903年12月17日创造出了地球上第一架完整的飞机。

此外，还有一件并不广为人知的事。在1901年，无线电的发明者马可尼试图从英格兰向纽约和芬兰两个地方发送无线电报。但是天有不测风云，不幸的是，无线电的天线却被狂风刮断，眼看着试验就要失败，马可尼想出一个方法，他把一只风筝放飞，用它的风筝线来充作天线，最终，他的这次跨越大西洋的无线电发送试验顺利完成。

另外，风筝还是生产的工具。早在两千余年前我们的祖先就利用风筝“负人载物，超险阻而飞达，越川泽而空递”，解决了“舆马之不能，舟楫之不逮”这一问题。美国著名的桥梁设计专家克里夫顿在设计一座悬桥时遇到了这样一个问题，他必须把笨重的钢缆拉过一条大河的河面。有一位建筑师制成了一只巨大无比的风筝，依靠这只巨大的风筝把钢缆拉到了河的另一面，最终顺利地架起了悬桥。英国一位学者名叫约翰·利克兰，他依靠风筝把一台施肥机和化肥一起放飞到麦田的上方，依靠风力启动施肥机，化肥不偏不倚地正好释放在麦田里，比人力施肥还高效。南非也有渔民依靠风筝来捉鱼的历史，他们依靠大型的风筝来拖拽渔网，达到节省人力的目的。现如今，国外还有一些探险者依靠风筝来拉动车辆，这种方法可使车速达到每小时20英里。

❖ 风筝的传播

风筝虽然起源于中国，但随着古代中国对外的不断交流，中国的风筝也随之传到了世界各地，并被各地人民所接受。

首先，风筝传到了古代日本和高丽等亚洲邻国，并在这些国家得到了传承发展。时至今日，每逢这些国家的风筝节，人们都会放一种大型的风筝，并且认为在风筝节那天将大型风筝放飞在蓝天白云之间，能得到祖先的庇佑福荫。此后的几百年间，随着我国对外贸易的发展和郑和下西洋，风筝又被带到印度尼西亚和新西兰等岛屿，而与此同时，成吉思汗征服欧亚大陆时，风筝也来到了欧洲。

当风筝这种东方玩具传入欧洲时，给予了欧洲人许多灵感，欧

洲人将其不断改进，改变人类战争史与交通运输史的飞机和滑翔机最初的起源就是我国的风筝，从本质上来讲，风筝的飞行原理与飞机的飞行原理是一致的。

❖ 风筝的今天

古时候的风筝已经成为中国文化的一部分，风筝就像一个古老的穿越者，伴随着中国历史的发展一路走来。风筝更是见证了我国历史的传承与发展，从古至今，在历史的天空下留下了一道道美丽的身影。

今天，风筝依然飞翔在祖国的天空，它显得古老而又新颖，跟随着时代的步伐，一步步走来，伴随着祖国日新月异的发展，一次次更新。现代的风筝样式多变、花样繁出，体现了时代的发展，体现了新时代的文明，更体现了中国历史的演变。

众所周知，山东潍坊是我们国家数一数二的风筝之乡。在潍坊，如今仍然有许许多多的扎风筝的手工艺人，他们传承着祖祖辈辈留下的各式风筝。潍坊风筝具有浓厚的北方生活气息和灵动的神韵，制作技术采众家之长，尤其是在风筝的形象结构和画图颜色上，它把制作木刻年画的技术转移到了风筝上，把传统国画的技法灵活运用到风筝的制作上，形成了造型美观、扎工细致、色彩鲜艳的特有风格，成为我国风筝界的一个重要流派。

潍坊风筝的艺术形象特点和风格多种多样，它选材讲究、造型美观、扎制精美、形象生动、绘画鲜艳、品种多样、放飞灵活，凭借材料的独特选用，设计的另类变形，画师的年画技法，以及巧用放飞的力学原理，形成了浓厚的乡土风格和独特神韵，闻名于世界。如今的潍坊风筝艺术种类繁多，由于各种身份的风筝制作者有着迥异的人生经历、完全不一样的文化水平和知识体系，构成了不一样的派系和风格类型，主要来讲，有以下三类。

1. 传统民间派

潍坊民间风筝，从历史的角度看，是同宫廷风筝和匠人风筝比较而言的。而在当代，则是相对如今的新型风筝而言的。它的特殊之处在于：

（1）民间风筝的扎制人，很多都是普普通通的农民或是手工艺人，他们大多没有经过系统的绘画培训。他们完全是按照自己对平时的自身感受或审美观念，自由自在地表达自己的心愿或想法。他们制作出的风筝，在形象、材料、颜色的使用和创作类型上都带有浓厚的乡土气息。

（2）民间风筝很多都是配合着清明节、重阳节等节日而生产的，因此其类型是有特定风格的，注重外在美观。

（3）民间风筝大多是使用现成的材料，并不十分讲究竹篾和纸张，

可是风格狂野，美观大方。

（4）民间风筝深受地区的民风、经济、传统习惯的影响，而且在制作过程中常常互相观摩、切磋，另外还有历代先人传下的手艺的原因，因此可以说，民间风筝都带有久远风俗的影响，可以称作一项众人的艺术创作。

2. 传统艺人派

因为出现了买卖风筝的市场，专业的风筝艺人也就随之产生。在潍坊的历史中，一些有名的书画界人士也喜欢风筝的绘图甚至是设计创作，这就让潍坊风筝中出现了非常讲究的精品。当然，这些

精品普通人难以购买放飞，买这些风筝的富商通常是向画家预订。此外，在历史上的数次朝代更替之时，一些优秀的宫廷风筝艺人流落出宫，也在很大程度上推动了艺人派风筝的迅猛发展，让它也拥有宫廷风筝隆重、奢华的特征。传统艺人派对潍坊风筝产业的提升，着实起到了很好的推动效果，它让潍坊风筝从普通的娱乐工具提升为有意义的美术品，使之变成潍坊城市文化中的重要组成部分。

3．现代创新派

这几年来，由于众多职业艺术创作者、科研工作者、工人、普通市民积极参加风筝比赛，完全发扬了科技水平、现代技巧的好处，在继承传统风筝的底子上，研发出了全新的现代创新风筝。其重要特征是加强新型材料、新型技术的使用，造型精美干净，灵活方便，极具如今的流行风格。

而在 20 世纪 80 年代开始，风筝除了原来的双线以外，还逐渐发展成了三线、四线的技术风筝或特技风筝，在西方甚至还出现了无骨架的软风筝。

风筝万花筒

风筝的发展史足有两千年之久，因此其种类多种多样，数不胜数。风筝的演变是人类智慧的结晶，风筝外形的改变也是人类社会的改变，伴随着经济、文化的发展，各种各样事物的出现，风筝已

经成为一面镜子，反映着人们思想文化的进程，演绎着历史文化的发展，从经济到文化，从物品到人物，风筝随着时代变化而变化，其类型也是多种多样。以下按照不同的分类方法简单介绍一下风筝的种类。

❖ 按形象分

人物风筝：以我国传统故事中的各类家喻户晓的英雄或主人公形象作为风筝的图案。

简单规则图形风筝：这类风筝大多简单美观，如八角形、圆形、长方形等。

花卉风筝：如牡丹、菊花、梅花等图案。

禽类风筝：如雄鹰、凤凰、白鹤、麻雀等图案。

鱼形风筝：如龙、鲤鱼、海龟等图案。

用品风筝：如碗、盆、剪刀等图案。

❖ 按形状分

串子式：把若干只相同或类似的风筝依次按顺序拴在一根或若干根线上，例如知名度较高的蜈蚣风筝，就分为三个主体，分别是首、身、尾，由很多个圆形小风筝系起结成。在放飞的时候，一长串风筝在蔚蓝的天空中显得格外壮观。

板型风筝：就是一种平面风筝，主体的四周用竹篾撑起来，大多是简单普通的正方形、长方形等。

硬翅风筝：这类风筝款式比较固定，除去翅膀以外，其他均与骨架一样，可以按照制作者的心意改变。这类风筝由上下两根水平竹条做成翅膀的形状，两边的边缘要明显高出其他部分，而风筝中央则向内里陷入，这种结构可以完美地形成一个精巧的风道。

软翅类风筝：这种类型的风筝一般升力片是由主要的翅条构成，

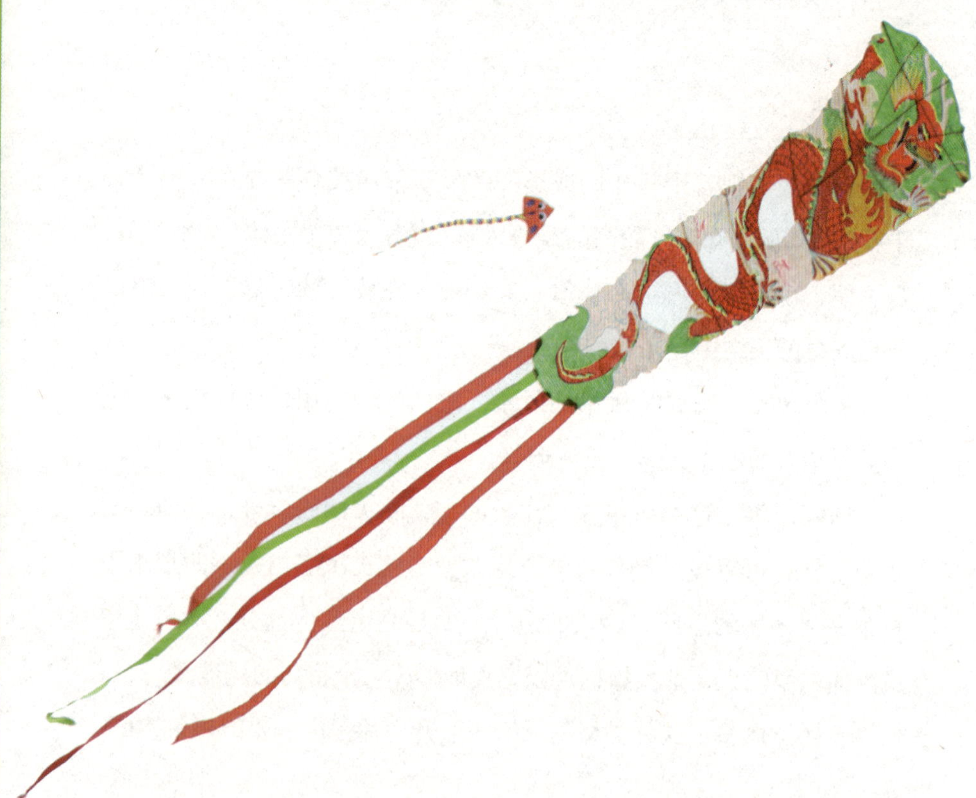

并且只有一根翅条，风筝翅膀后方一般是比较软的，没有可以依附的主条。它的基本结构和硬翅不同，基本风筝骨架为浮雕状，分为多层、双层和单层。这类风筝主题比较广泛，并且种类也非常多，题材不仅有昆虫、禽鸟，还有动画人物等。在制作时，一般形态都比较逼真，运用手法比较高妙，可以给人一种栩栩如生、惟妙惟肖的感觉。

立体风筝：这类风筝的骨架较为复杂，比较常见的有圆柱体等，一般用来制作上文提到的用品风筝，比如碗、盆图案等。

自由式风筝：这类风筝主要指一些运用空气动力学原理和科技的特技风筝，一般为专业玩家所着迷，它能够将多种不同类型的风筝的特性集合在一起，在蔚蓝天空中做出一些美轮美奂的高难度动作。

在京津一带流行的鹰状风筝一般是按照比较大的鹰形状进行设计和制作的，属于典型的软翅类风筝。整个风筝的翅膀比较长，肚子比较圆，和其他类型的风筝相比，它的起飞性能比较好。

❖ 按功能分

玩耍风筝：制作简单的风筝，仅供普通玩家使用，没有其他的功能。这一类风筝花色、花样最多，其中很大一部分已作为商品批量制作后零售。

这类风筝属于大众型的风筝，没有什么特殊的意义，就是为了满足社会上大多数人的需求而产生。其流程、材料也比较简单，一

般是机械化生产，批量制作，其观赏价值和珍藏价值都比较低。

特技风筝：某些可以具备特殊技能的风筝。有的特技风筝可以翻腾，进行空中战斗；有的则可以在天空中变色；有的可以喷射各色气体。

这种风筝都是经过特殊制作的，有些需要用化学物品进行装备，当然，这类风筝的出现一般预示着科技的发展已经达到一种新的高度，人们的生活追求开始提高，对事物的求新求异需求也比较明显。

军事风筝：这类风筝是专门为完成军事上的探测使用而设计的，能用来进行航空摄影、电子通信、山区支援、地形侦察等，也有的

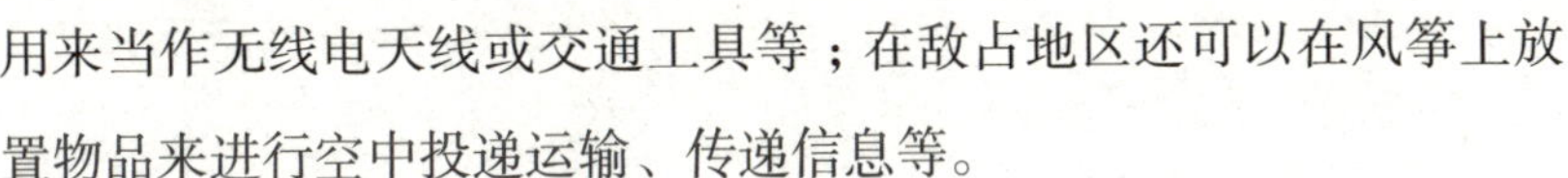

用来当作无线电天线或交通工具等；在敌占地区还可以在风筝上放置物品来进行空中投递运输、传递信息等。

此类风筝一般被特定的人群运用，大多用于信号的传递，一般在古代运用得比较多，因为古代没有先进的通信工具和运输工具，而风筝的传递性比较强，所以这种类型的风筝被用在军事方面。

装饰风筝：这类风筝图案精美，装饰奢华，有很高的人文价值，可以用来装饰居室的墙壁。一般情况下，我们经常外出到空地上放的风筝很多都属于装饰风筝。

这类风筝的样式比较多，并且风格各异，有助于吸引人们的眼球。儿童经常放的风筝也多数属于装饰类风筝，因为其图案较丰富，更容易引起儿童的兴趣。

❖ 按时代分

传统风筝：传统风筝最早是古代皇室人员的玩物，由朝廷下令，皇室内的能工巧匠按高规格制作，不计成本代价，形象与装饰奢华美丽，这种风筝就是“传统风筝”。

民间风筝：民间风筝大多是民间的手工艺人制作的普通风筝。款式简单大方，售价极低，图案也极具浓厚的生活气息。北京、天津、山东潍坊、陕西西安、江苏南通等地都是享誉海内外的风筝之乡。

当代风筝：当代风筝是建立在传统风筝、民间风筝的基础上，又结合了现代创新艺术的风筝。它在艺术种类上保持了中国传统民俗特色，吸收了民间的结构技巧以及装饰，但是又以当今新鲜事物为题材，比如“嫦娥一号”“直升机”“神舟八号”“喜羊羊”“明星”等。它的构造原理也是高科技的成果，并运用合成材料如金属骨架、尼龙绸、合成膜片等制作的，这将是风筝产业的未来趋势。

第二章

风筝基础知识

风筝给你好身体

“放风筝，张口仰视，可以泄热。”——《续博物志》

风筝作为我国的传统健身娱乐项目，自春秋时代以来，已有两千多年的历史。这项运动能在两千多年的历史长河中一直得到发展传承，并受到男女老少的喜爱，自然是有原因的，除去它可以传递信息、测定距离的军事能力以及种类丰富、色彩鲜艳的美观趣味等原因，还有一个非常重要的原因，那就是——健身。

我们在放风筝的过程中会做各种动作，比如拉、跑、走、蹲等动作，这些动作对于我们的身体来说是非常有利的，特别是走、跑的动作可以带动全身肌肉的运动，可以让肌肉骨骼全面活动起来。另外，经常进行放风筝运动，可以感受到天空的变化，可以感觉到心情的变化，可以和大自然有亲密的接触，能让我们的身心更加放松。

放风筝对我们的健康非常有利，并且经常运动可预防各种疾病，例如冠心病、脑中风、高血脂、动脉栓塞、肥胖症、胆结石、糖尿病和骨质疏松等。风筝健身可以延长我们的寿命，舒缓由各种疾病造成的酸痛，又能加强耐力和身体素质，让自己健康强壮。在放风筝的同时，我们还可以感受慢节奏的生活，缓解紧张造成的重压，放松身体，帮助睡眠，并可让心情愉悦，赶走坏情绪。同时也可以改善生活的质量，加强信心和尊严，很好地和陌生人交流谈话。

在放风筝过程中，我们能够接触到很多风筝爱好者，大家彼此交流对风筝的热爱，感受彼此在放风筝过程中的悠闲惬意。因为风筝运动充满童趣，所以，放风筝的同时也可以感受到孩子们的天真无邪、童真欢乐，也给身边的人们带来了一种快乐的享受，欣赏者会为多彩的风筝喝彩，也会为放风筝者加油。当放风筝者仰望天空

把心交给蓝天的时候，就暂时把烦恼给忘记了，也就可以全身心地投入到风筝的世界中，把自己置身于快乐之中。这对于人们的身心健康来说，无疑是很有益处的。

依照亚洲人的身体状况，要取得较好的健身疗效，健身专家们通常希望人们在健身时的心跳达到每分钟 130 次，也就是我们常说的“心率 130”原则。此外，医学专家也提出，人的心跳速度在每分钟 50 ～ 100 次这个范围内都可接受。普通人的心跳速度，男性每分钟 75 次左右，女性每分钟在 80 次左右。小孩的速度要比老人的速度快许多，冬天时会比夏天快一些。正常情况下，在平静心理状态下的心跳速度较低，也更加健康些。人们在健身过程中的心跳速度，是一种方便检测监控的生理指标，能尽可能地认识、监控运动量。

事实上，“心率 130”原则对应的是一种比较合适的运动量，运动时合适的心跳速度能够通过（220- 年龄）×7% 来计算得到。它详细的标准是：身强体壮的年轻人，每分钟心跳速度是 120 ～ 170 次；中年人是 110 ～ 140 次；老年人应该保持在 100 ～ 130 次。此外，健康的健身运动也可以让心脏得到锻炼和加强，表现为肌肉收缩力量的增强、心跳速度的增加等。如果健身运动达不到一定的运动量就不会明显改善心脏功能；若健身过程时心跳速度每分钟低于 100 次，则几乎没有健身效果。经过健身专家对放风筝的运动员进行检测，发现其心跳速度完全符合以上数据。

也许许多人会不以为然——放风筝，除了跑步，还会有什么有利于身体健康的好处？那么，我要告诉你，这个观点本身就是错误的。

众所周知，春季处在寒冬和盛夏之交。春季到来之时，春暖花开，春风阵阵，气温温暖适中，蛰伏了一整个冬天的人们，久未运动，正是舒展筋骨的时候。而在这样的春天里放风筝，对人体的健

康好处多多。早在古代，传统中医就已经认识并研究了放风筝的好处。我国中医认为，放风筝可以“疏泄内热”，并能达到“增强体质之益”的神奇功效。近些年来，随着现代医学的不断发展，放风筝这项全民运动有了科学理论的支持。

❖ 对新陈代谢的影响

1. 风筝运动能促进体内组织细胞对糖分的摄取和利用能力，增加肝糖原和肌糖原储存，同时还可以改善机体对糖代谢的调节能力。如在长期放风筝的影响下，胰高血糖素分泌表现对运动的适应，即在同样强度的运动情况下，胰高血糖素分泌量减少，其作用是推迟肝糖原的排空，从而推迟衰竭的到来，增加人体持续运动的时间。

2. 脂肪是在人体中富含的能量物质，它在体内氧化分解时放出能量，大概为相同分量的糖或蛋白质的两倍，长期坚持风筝健身可以提高人体对脂肪的利用能力，为人体从事各项活动提供丰富的能量来源。

在我们进行放风筝的活动中，会进行各种形式的运动，尤其是不断地走，不断地跑，这些活动能够充分调动身体的运动细胞，会让体内的能量不断释放出来，长期坚持运动，就可以让体内过多的蛋白质和糖分消耗掉，这样就有利于体内脂肪的转化，把体内多余的脂肪转化为身体所需的能量，让我们保持一个好身材。

❖ 对运动系统的影响

坚持体育健身，对骨骼、肌肉、关节和韧带都会产生良好的作用，经常运动可使肌肉保持正常的张力，并依靠肌肉运动给骨头以刺激，加强骨骼中钙的保存，防止骨质疏松，同时使身体各关节保持良好

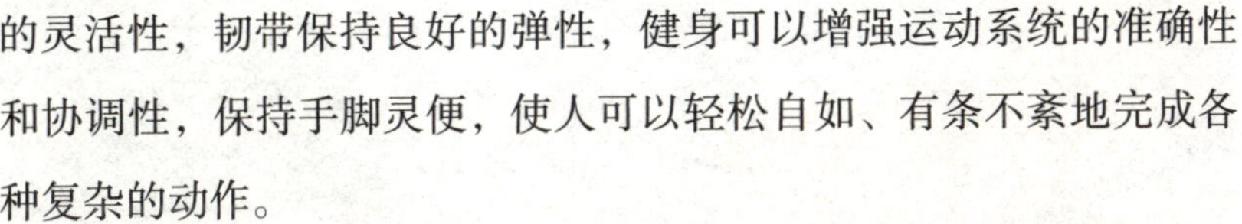

的灵活性，韧带保持良好的弹性，健身可以增强运动系统的准确性和协调性，保持手脚灵便，使人可以轻松自如、有条不紊地完成各种复杂的动作。

❖ 对心血管系统的影响

适当的运动是心脏健康的不二法宝，有规律的运动健身，特别是风筝健身运动，可以有效减慢锻炼时的心跳速度，这就大大减少了心脏的工作时间，加强了心脏的功能，保持了动脉血流畅通无阻，可更好地提高心肌工作需要的养分，能让患心脏病的危险性大大降低。

1. 经常参加风筝运动可使心肌细胞内的蛋白质合成增加，心肌

纤维增粗，使得心肌收缩力量增加，这样可使心脏在每次收缩时将更多的血液射入血管，导致心脏的每搏输出量增加，长时间的风筝锻炼可使心室容量增大。

2. 风筝锻炼可以增加血管壁的弹性，这对人体健康的远期效果来说是十分有益的。人随着年龄的增长，血管壁的弹性慢慢下降，因而可诱发高血压等退行性疾病，通过风筝锻炼，可以使全身都得到锻炼，从而有效增加血管壁的弹性，预防或缓解退行性高血压症状。

3. 风筝运动可以促使大量毛细血管开放，加快血液与组织液的交换，加快新陈代谢的水平，增强机体能量物质的供应和代谢物质的排出能力。

4. 风筝运动还可以有效降低血脂含量，改变血脂质量，有效地预防冠心病、高血压和动脉粥样硬化等疾病，还可以让安静时的脉搏减慢和血压降低。

❖ 对呼吸系统的影响

风筝运动是一项较为轻松的有氧健身运动。人们在进行这一有氧运动时，正好可以尽情地呼吸室外的新鲜空气。现代人生活节奏越来越快，由于长时间处于办公室、教室、车间等压抑密闭的空间内或者是空气污浊的环境中，室内空气常常不能及时流通，空气质量令人担忧。人们身体的亚健康状况越来越多，在这种生活环境下，许多人会逐渐觉得身体疲软无力，嗜睡头痛，办事效率低，甚至是脾气暴躁，女孩子会觉得皮肤也变差了。那么，在此时打开房门，走到室外，尽情地享受放风筝时所呼吸到的新鲜空气就显得尤为重要了。当人们呼吸着室外的新鲜空气时，此时的身体正在进行着自我修复的疗程，人体的呼吸系统会将积蓄已久的废物毒素排出体外，转而让室外的新鲜空气进入体内，在这一交一换、一进一出之间，就完成了呼吸系统的循环与血液系统的更新，从而将平日不新鲜的空气排出体外，将积蓄了一个冬天或者一段时间内的霉瘴之气除去，这也就相当于进行了一次“空气浴”。

1. 经常参加放风筝运动，特别是做一些伸展扩胸运动，可以使呼吸肌力量加强，胸廓扩大，有利于肺组织的生长发育和肺的扩张。这种活动可以使锻炼者肺活量不断增加，风筝运动会经常出现快速跑，从本质上来说，其实也就是一种深呼吸运动，它可以促使肺活量的增长。大量实验表明，经常放风筝的人，肺活量高于一般人。

2. 风筝运动由于加强了呼吸力量，可使呼吸深度增加，以有效

增加肺的通气效率。研究表明，一般人在运动时肺通气量能增加到60升/分左右，有放风筝习惯的人在运动时肺通气量可达100升/分以上。

3. 一般人在进行体育活动时只能利用其氧气最大摄入值的60%左右，而经过放风筝运动后可以使这种能力大大提高，放风筝时，使氧气的需要量增加，也能满足机体的需要，而不致使机体缺氧。

❖ 对消化系统的影响

风筝运动可以加快身体各部分的免疫能力。放风筝虽然是一项比较温和的运动，但长期坚持却可以促进消化系统的吸收，能够让我们的胃部产生更多的胃黏液，这样就会加大胃部的消化能力。而在运动过程中，能量的来源主要依靠我们身体所摄取的食物。所以，运动后会使消化系统的功能改善，饭量加大，消化功能增强。

❖ 对中枢神经系统的影响

放风筝能改善神经系统的调节功能，提高神经系统对人体活动时错综复杂变化的判断能力，并及时做出协调、准确、迅速的反应。研究表明，经常参加放风筝，能明显提高脑神经细胞的工作能力。反之，如缺乏必要的体育活动，大脑皮层的调节能力将相应下降，造成平衡失调，甚至引起某些疾病。

❖ 对心理方面的影响

放风筝有益于改善心理素质，如加强自信心，营造良好的环境，养成稳定的情绪，培养独立和遇事果断的能力，促进智力发展等。而且，没有积极地从事某项体育运动会导致不良情绪无法完全发泄，对心理健康产生不好的影响。

❖ 对视力的影响

乒乓球、羽毛球、射箭等运动都有助于视力的调节改善，但这些运动大多有场地设备的限制。那么在春暖花开之时，有没有哪项运动既有趣味性，又能够改善眼睛疲劳呢？作为我国传统文化的精髓，放风筝这项全民健身运动同样可以达到调节改善视力和眼睛疲劳的功效。

现代人视力下降的普遍原因就是用眼过度，不间断地盯着近处的物体，从而导致眼球的睫状肌肉得不到放松，而用眼过度的更严重后果就会是真性近视，甚至是视网膜脱落等。科学研究表明，经常放风筝对防治近视眼、老花眼、白内障有很大功效。

❖ 对颈椎的影响

对于上班族来说，颈椎病已成为现代都市白领的职业病之一，而对于学生族来说，颈椎病也有低龄化的趋势，因此，颈椎病的预防治疗也显得格外重要。在室外放风筝时，锻炼者要常常远望天空，能够保持脊柱和颈椎的肌肉弹性，增强脊柱和颈椎的供血功能，帮助颈椎恢复原来的形态，促进脊柱的血液循环，可以有效帮助预防与治疗颈椎病。

风筝必备用品大全

放风筝的用品主要有放线用品和缠线用品，由于风筝的种类不同、大小不同、风力不同，因此选择不同的放飞用品十分关键。

风筝的放飞工具可谓五花八门，最初只有两种——拐子和工字缠线板，大小有多种，材质多为木质，高档的有红木制的。随着现代科技的发展，风筝的放飞工具也“现代化”了，有各种握把放飞轮，如中心握式放飞轮、简单易携带的塑料放飞线板，还有专门为盘鹰风筝制作的高档专用盘鹰轮。每个人喜好不同，对于一般放飞者选购放飞工具可以本着“手感舒适、结实耐用、价格适中”来选择，像初学者可以选择木质拐子和工程塑料卧轮即可，对于风筝玩家也可选择一些高档的放飞轮，如带轧（刹车装置）卧轮、电木刹车轮等，但是价格相对贵一些。

❖ 风筝线种类

市面上的风筝线多种多样，主要有大力马线、丝百克线、凯夫拉线、轮胎线、白色风筝线等。

下面为大家详细介绍各类风筝线的优缺点与适用种类。

大力马线：它是目前世界上最强纤维，重量最轻（密度小于水）、风阻最小，对风筝操控性最佳。它的特点是熔点低，强度高，一般为 40 ～ 250 磅不等。

丝百克线：熔点低，强度高，一般为 80 ～ 200 磅不等。

凯夫拉线：拉力略小于大力马线，重量略大，风阻小，操控性基本等同于大力马线。耐热性最佳，瞬间高温可经受 500 摄氏度以上。价格略高于大力马线。但是很快会起毛，在太阳光长期照射下拉力会衰减，耐用性差。

轮胎线：熔点低，强度中等，一般为 50 磅，在使用一段时间过后容易磨损，价格较便宜。

白色风筝线：熔点低，强度差，一般为 50 磅，使用一段时间过后容易磨段，价格最为便宜。

此外，不同尺寸的风筝也要选择不同种类的风筝线。

常熟市和平風箏
CHANGSHU PEACE KITE

当风力为 1 ～ 3 级时，用 40 ～ 200 磅的线，而当风力为 3 ～ 5 级时，则需改为 80 ～ 500 磅的线才能保证不被扯断。

不同的风筝种类，如软翅、硬翅、立体等，在不同尺寸、不同风力下，所需要的风筝线的材质都有不同的要求，不同的放线也会产生不同的效果，这需要在实际放飞过程中不断去体会。

❖ 缠线用品种类

缠线用品的种类与风筝放线一样繁多，比较常见的有线拐子、手摇平板线车、多幅线轴、单幅线轴和手摇轮线车等。其大小分很多种，材质基本是木头支撑。随着现代科学技术的迅猛发展，风筝的放飞工具也越来越“科技化”了，出现了各式各样的握把放飞轮，如中心握式的放飞轮、轻便的塑料放飞线板，还有盘鹰风筝特需的高档专用盘鹰轮，以及特技风筝的放飞工具。由于每个人的偏好不一样，对于业余放飞者在选择放飞工具时，可以以“手感合适，结实耐用，性价比高”为原则来购买，普通的业余初学者可以选择木质的线拐子和工程塑料卧轮即可，对于风筝的专业玩家也能够选择一些高档的放飞轮，如带刹握轮、电木刹车轮等，但是整体来说，这类放飞工具要比普通工具昂贵一些。

1. 线拐子

线拐子的基本收放线方法是：左右手分别持把手，具体由哪一只手持把没有特别要求，只需要自己习惯就行，两只手都转动着完成收放线即可。线拐子是一种十分常见的放风筝的缠线用品，由于基本适合各类风筝的放飞收线，尤其是尺寸较大的风筝，因此深受广大风筝爱好者的喜爱。

2．手摇轮线车

手摇轮线车是较为常见的缠线用品，其收放线方法是：左手握住轮把，右手握住下把转动轴收放线。

3．多幅线轴

多幅线轴的收放线方法是：左手持线，右手握住轴把，食指不断拨动轴的横幅，使其快速收放线。

4．单幅线轴

单幅线轴的收放线方法是：左手持线，右手握住轴把，食指不断拨动轴的横幅，使其快速收放线，但是其收放线的速度略逊于多幅线轴。

5．手摇轮线车

手摇轮线车的收放线方法是：左手握住轮线车的手把，右手握住轮线车的小把手，慢慢转动收放线。

6．电动绕线器

随着科技的发展，现代技术也逐渐应用于风筝的装备中。近些年来，许多风筝爱好者会使用电动绕线器，它通过电动控制自行进行收放线工作，极大地节省了人力和时间。

❖ 风筝杆

在平时放风筝过程中比较常见的风筝杆有四种，一般的高档风筝采用的是碳杆和树脂杆，一般的低档风筝采用的是玻璃钢杆。

玻璃钢纤维杆：是用玻璃钢纤维加环氧树脂等胶质通过挤出机挤拉出来的空心管，重量比较沉，但价格低廉，强度不高，是大部分低档风筝的首选杆。用手很容易弯曲，柔软弹力较大，折断后变成一条条的玻璃纤维条。

树脂杆：是用树脂布卷出来的树脂空心杆。螺纹状管身，也称玻璃钢卷杆，比玻璃钢纤维杆稍好，重量也轻些。用手很容易弯曲，柔软弹力较大，折断后断面毛糙，没有条块。

挤拉碳杆：是用粉碎的炭渣加环氧树脂等胶质通过挤出机挤拉出来的空心管，重量比较轻，价格低于碳杆，强度高，是大部分中低档运动风筝用杆，或者用在高档风筝的上横杆处。表面光滑，有碳的光泽，用手不容易弯曲，很硬，弹性并不好，扔到地面上有明显的金属声，折断后变成一条条的碳片。

碳卷杆：是用碳布卷出来的空心杆。比机拉碳杆轻，外观上就能一眼看出，其为螺纹状管身，有碳杆独特的光芒，用手不容易弯曲，硬度较大，折断后有整齐的断面，扔到地面上有清脆的金属声，不会形成一条条的纤维条，中高档风筝常用。

❖ 风筝面料

真丝面料：表面呈白色半透明状，手感比较细腻光滑，是制作高档工艺风筝的首选。

仿真丝面料：白色，手感发涩，是市面上商品风筝的常见面料。

无纺布面料：手感又厚又软，是市面上商品风筝的常见面料。

尼龙绸面料：现代运动风筝、软体风筝的常用面料。

风筝放飞原理

作为一名合格的风筝达人，在放风筝之前，首先要清楚风筝起飞的基本原理，简单说来，就是三大基本要素。

1. 当时室外要起风。

2. 风筝自身要有迎风的角度。

3. 要有来自放飞的牵引力，也就是拉力。当风力足够大，大到可以托起风筝时，那么线的拉力就会战胜风的阻力，风吹在带迎风的角度的风筝上产生的升力超过了风筝的自重，风筝自然就会升上天空。

风是空气的流动，这种流动蕴藏着巨大的能量。空气流动速度的快慢决定着风力的大小。风筝之所以能升空，主要原因是风筝线使风筝的迎风面同流动的空气形成一定的倾斜，从而使风筝获得了升空力的结果。

风力大小与放什么风筝关系很大。2 ～ 3 级风，一般可放面积 0.1 ～ 0.5 平方米的小型风筝，如软翅鹰、小燕、蝴蝶和硬翅人物等；3 ～ 4 级风，适宜 1 平方米左右的中型风筝，如人物、七星、八卦、立体筒形及龙类串式风筝等；5 级风时只能放 2 平方米左右的大型硬翅风筝，装有硬翅的筒子，企鹅串式风筝、八角形风筝等。6 级以上风力，不宜放一般的风筝。

风筝中，最简单的就应属板状的风筝了，这种风筝大多用两根长度不同的风筝线固定在风筝轴的中部上下适当的位置，使风筝在空中与风向成一定角度的迎角，而在风筝的下部则装有两根一定长度和宽度的尾条。

筒状风筝的外观就像是一个降落伞，但仔细研究它的内部构造，可以发现此类风筝为无骨架软体风筝。从其结构看，四个风筒进风口很大，出风口却很小，这样才能将筒吹起来。当风筝受风后，首先将风筒鼓起来，迎风面上的风则通过凹形圆弧面定向从风筝底面排出，此类风筝只要裁剪精确，缝制严细，既无骨架，又向下“定向出风”，再加上其飞升达到足够的角度时，就能轻轻松松地把筒状风筝放飞到天空中去。

平面风筝的放飞原理是：只要将多片平面巧妙组合，做到“定向出风”，就可以使风筝平稳飞升。平面组合风筝的形式主要有以下几种：其一，将多片平面组合成对称交叉的角度；其二，将多片平面组合成对称风槽或具有对称的后倾角；其三，将多片平面组合成风筒；其四，将前三种形式同时应用，将多片平面组合成既左右对称的，而内外上下又重叠交错的复杂外形。

软翅风筝原理大家都知道，软翅风筝的品种最多，如鹰、蝴蝶、白鹤、蜜蜂、螳螂等，不少于几十种，虽品种繁多，却万变不离其宗，其飞升的平衡原理均为“定向出风”。所有软翅风筝的翅膀下缘均为软边，当风筝受风力后，软边就会变形，必然形成风流定向由软翅的虚线区域下部流出风筝，即“定向出风”。

硬翅风筝如金鱼、人物等，都有一个共同的特点，就是风筝两侧硬翅不但大小相等，而且有一个深浅一致的对称凹槽曲面，从而形成了使风筝旋转的力矩，使风筝硬翅的对称凹槽曲面形成“定向出风”力矩的力。当我们用人为的方法调整至两力相等，方向向两翅斜后方形成风筝的对称力矩时，风筝即可达到飞升的平衡。不难看出，只要两翅对称，其凹槽曲面越深，风筝“定向出风”的力越大，风筝也就飞得越平衡。但是硬翅的凹槽曲面也不能做得过深，因为如果太深，凹槽曲面的后倾角太大，这样会减小风流阻力，因而风筝也就飞不高了。一般来说，上下翅条弯头所形成的凹槽曲面最深处的夹角为 95 度左右。此外，风筝的平面部分，如下身框架，既要考虑左右对称，且竹条要小些，这样使风筝能得到良好的排风效果。

可能以上的一些原理对于风筝的初级玩家来说较难理解，但是，总的说来，风筝上天主要是靠风力。风筝有它自身的分量，由于重力作用会向下坠落，我们平时看到的风筝之所以会飞，主要是因为

有空气的流动一直支撑着它，这种空气的力量就是我们平时所说的扬力。当风筝在蓝天中飞翔的时候，风筝周围的空气划分为上下两个层，这种情况下，下一层的空气由于受到风筝的阻断，空气的气压会比较高，风筝就会向上飞，并且由于风筝上层面的气压较低，就会飞得更高。

但是，如果风速过大，也不适宜放风筝，因为在风速达到 6 级以上时，空气在与地面平行的方向上风力就过大，风筝会变得很难控制。另外，也不能选择在风的走向一直改变时放风筝，因为这种情况下的风筝容易掉落。

挑选你的专属风筝

由于风筝类型千差万别，不同类型的风筝放起来的难度和技巧也各不相同，所以我们在选择风筝时，也要根据自己的情况进行选择。风筝可以分为风筝架、风筝线、风筝轴、风筝面，练习者在选择自己喜欢的风筝时，也可以从这几个方面进行选择，这样选出来的风筝就比较好一些。

当然如果自己会制作的话，也可以自己制作，那样制作出来的

效果肯定会让自己很满意。那么就从以下三个方面给大家介绍一下选择风筝时的注意事项。

❖ 挑选风筝框架

普通初学者只需购买简单的玻璃钢或者螺纹树脂杆制成的骨架的中小型风筝，宽度为 150 ～ 250 厘米即可。但是若是给家中儿童放的话，则只需选择 100 ～ 180 厘米的宽玻璃钢制成的骨架小型风筝即可，因为这类风筝方便上手，不容易摔坏，价格便宜，物美价廉，也不需要太高的技术要求。等到技术熟练以后，就可以考虑选择美观的或者高档碳杆制风筝。

❖ 挑选风筝面

风筝面主要从材质上进行选择，只要确定好了风筝的框架，面基本就确定了，设计者可以根据风筝架的尺寸选择风筝面。风筝面

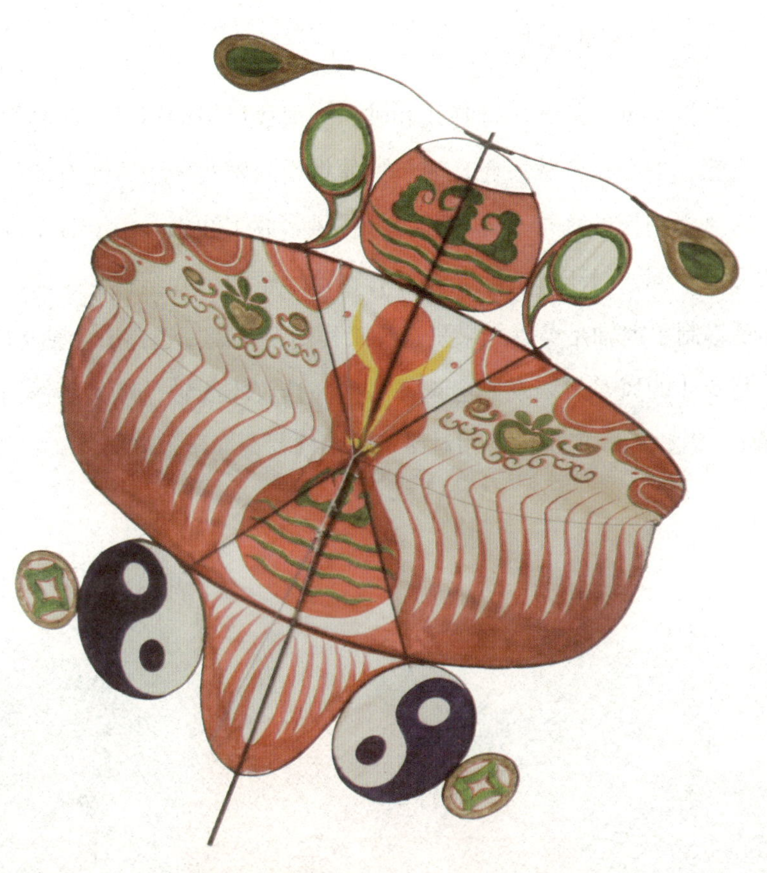

的材料一般有纸类、塑料类、丝绸类等。这些材料性质不同，作用也有所不同，像纸类、塑料类的一般制作出来都是简单的风筝，用途也比较少，一般就是用于玩耍。但像丝绸类、布匹类的可以用来进行各种试验，用途比较广泛。使用者可根据自己的情况进行选择。

❖ 挑选风筝线和线轴

要根据风筝的大小选择线和轴，一般放风筝的用具有各种把式放飞轮、中心握式放飞轮，简单方便携带的塑料线板，还有专门为盘鹰风筝制作的高档盘鹰线轴，特技风筝放飞线轴。由于各个玩家的习惯不同，对于一般业余爱好者选择小轮和工程塑料轮、较小的不锈钢制手握轴足矣，如果是选择工程塑料轮最好选择白色轴承轮。一些专业的风筝发烧友则会选择一些高档放飞线轴，像大不锈钢手握轮、背带轮，但是价格相对昂贵，不推荐普通玩家购买。

注意：为了防止触电，绝对不要使用金属制成的线、电线或者是其他容易导电的线。

❖ 风筝线的连接

我们知道，放风筝时如线上有劲，很容易绞线，那么，我们拿到一个风筝线塔，怎样把线绕到风筝轮上去呢？很多人的方法是把线塔放到地上，直接往线轮上绕。这种方法是不对的，采用这种方法绕线的时候，线上也被绕上劲了，对放风筝来讲是不好的。正确的方法是用一根杆子穿过线塔，然后再向线轮上绕线，绕线时线塔是转动的，拧股的只有旋转方向相同的才可以连接，否则它会散开或者扭结，这样就不会把风筝线绕上劲了。

连接器是为了方便拴线，3.5 米或者更大的应直接拴住，2.4 米以下的应该使用连接器连接，编织线一般直接拴上即可。

一般来讲，拴两根脚线的风筝有中型板子风筝、硬翅风筝、软翅风筝等。板子风筝的上脚线一般拴在中心竖条上端的横条上，下脚线拴在中横条中心。硬翅风筝则多数把脚线拴在中心托条的上翅和下翅的位置上。软翅风筝的脚线拴在脖下前胸和腹部的中心竖凸撑条上。不管哪种风筝，拴脚线时还要注意左右两面平衡，防止偏重和偏斜。

拴三根脚线的风筝，一般都是中型和较大型的风筝，总面积在 1 平方米以上。脚线的拴法是“两上一下”，即两根上脚线多数与肩平齐，拴在左右肩头或翼根部，也可拴在翅插套的上下处，另一根下脚线拴在竖中心条的腹部。

风筝脚线的长度是指脚线从风筝的主体到两条或多条脚线交结点的距离。不论拴的长短如何，都要使风筝在牵引时不歪不斜。较

大的风筝拴线时可平放在地面上，正面朝上扯起上下脚线（两根或多根脚线），上线与风筝面呈 90 度角，长度依风筝长宽比而定。将脚线拉直到风筝的宽度中心，横向平行拉到距翅尖的三分之二或四分之三处，也有的拉到翅尖，甚至超过此限。风筝的长宽比很多都是 3 ∶ 3 或 3 ∶ 4，如果长宽比为 4 ∶ 3 或 5 ∶ 3，则脚线的交点就要拉到“翅尖”处，甚至更长。试放开始时，不要放线太长，一般 10 米左右就可以。待飞稳后，再放出 10 米左右进行观察。如果飞得理想，可以继续放线，使风筝高飞。

在完成这些步骤以后，我们就可以开始出门放风筝了。

第三章

风筝放飞详解

放风筝的准备运动

放风筝虽然是一项简单有趣的全民健身运动，有着众多优点，深受男女老少的喜爱，但作为一项运动，它也有一定的风险系数，在放风筝的过程中可能会造成一些不可知的运动损伤。尽管放风筝对增强人体体质、防治各种疾病有特殊效果，但是由于每个人的体质都有差异，并不是人人都适合放风筝。因此，在进行放风筝活动前，要知道以下几类人群不适宜进行放风筝这项运动：

1. 患有心脑血管疾病和呼吸系统疾病的人群；
2. 脾虚型、肾虚型者；
3. 有类风湿性关节炎，韧带损伤的人群；
4. 哮喘病患者。

在放风筝的时候，我们应该依据天气变化做好防护工作，同时还要观察风向，注意太阳和风向的关系，尽量避免太阳光直接反射到面部，否则对眼睛和皮肤伤害比较大。如果天气比较好，出去放风筝时一定要注意给皮肤补充足够水分，做好防晒措施，避免受到紫外线照射导致皮肤脱水。如果天气比较冷，一定要注意保暖，老年人要注意根据具体情况调整运动量，尽量避免长时间站立。最好不要在空气潮湿、大雾天或者雨天放风筝。

❖ 热身原理

在进行任何一项运动之前，我们都要先进行热身运动，风筝运动也不例外。

人体是一个完整统一的有机体，生理机能活动规律一般分为上升—稳定—下降三个阶段。在运动时，它的各系统“器官”在神经

系统的支配调节下互相配合、协调一致地运动。由于呼吸和循环系统机能的惰性，机体的运动不能够一开始就发挥其最高水平，不能由相对静止状态骤然转为剧烈运动状态。必须经过多方面的准备，促使机体克服惰性、获得能量。

当机能开始逐渐上升状态时，才能有效地进入运动，发挥出其最高的运动水平。如果人体不经过多方面的充分准备，而骤然进入剧烈运动，使毫无准备的机体忽然承担过重的负荷，就会引起大脑皮质的兴奋与抑制的扩散，神经系统对各器官的调节支配失灵，整个机体就会出现仓促应付的局面，工作紊乱、不协调，导致人体的严重不适应。如运动中出现头晕、恶心、腹痛、四肢痉挛及关节、肌肉拉伤等现象，严重时还会出现运动性休克。如果在运动前，先做一些热身运动，通过肌肉运动来引起功能中枢（包括各内脏功能中枢）兴奋性提高，内脏功能的惰性预先有所克服，就可以给体育课或训练创造有利条件。

做了热身运动之后，一方面使得运动开始时运动功能和内脏功能差距缩小，另一方面可在各中枢兴奋性较高的基础上运动各器官系统，其功能惰性就能更快地得到克服，保证在运动时工作效率更快。另外，热身运动在普遍提高中枢神经系统兴奋性的前提下，还能提高全身的物质代谢水平，加强肌肉韧带的柔韧性和弹性以及降低肌肉的黏滞性，所以它对预防运动损伤也有重要作用。

热身运动能使运动员充分调动运动系统的活力，为即将参加的剧烈运动做好准备。其作用具体表现在以下几点：

第一，热身运动可以使体温升高。提高肌肉的弹性、反射速度和收缩速度，从而能有效地预防肌肉拉伤。

第二，热身运动可使肌肉毛细血管扩张，减少外围阻力。增加

肌肉中的血供应；在较高体温情况下，血红蛋白和肌红蛋白能释放更多的氧，从而增加肌肉的有氧供应。

第三，热身运动可以使关节腔内分泌更多滑液以减轻关节面软骨间的摩擦，减少进行剧烈的体育运动时造成的关节软骨损伤。

第四，热身运动可以提高韧带的柔韧性，有效地预防韧带的撕裂伤。

第五，热身运动能提高基础代谢率和体温，重新分配体内血液，加快血液循环，增加心脏血液输出量和肺泡通气量，克服内脏系统的“机能惰性”。使心肺机能水平能满足身体对氧的需要，推迟“极点”现象的出现，减轻“极点”现象对人体造成的不良影响。因此，体育训练前做好热身运动，以克服“极点”现象和内脏“机能惰性”，使心肺机能得到动员，这样有利于后一次活动时得到充分的氧供应，为取得优异成绩提供保证。

第六，热身运动能使人的大脑反应速度提高，能及时对参与运动的主动肌（收缩肌）和对抗肌（放松肌）进行精细地调节，有效地防止肌肉韧带拉伤。

第七，热身运动可使人的大脑皮层处于兴奋状态，提高人体的警觉性，不易发生意外损伤。如进行通过400米障碍的矮墙练习前，若不注意热身运动的质量，注意力就不能集中，动作做不到位或动作迟缓，很有可能造成收腿不及时而导致运动外伤。

第八，热身运动可以调整训练前或比赛前的紧张心理，抑制赛前的过度紧张或无精打采，为顺利比赛做好心理上的准备。

由上可知，热身运动在体育运动中具有非常重要的作用，可以提高人体温度，克服人体惰性，帮助人体各运动器官进入较好的运动状态，发挥理想成绩，减少不必要的运动损伤。

做好热身运动可以补充我们皮肤下层的毛细血管血量，有助于在稍后的运动后降低体温，促进血液循环，让身体进行充分的缓冲，防止抽筋、扭伤等运动事故的发生概率。

❖ 简单热身法

简单热身法一：

放上你最喜欢的音乐，然后准备运动，音乐的节奏稍快，此时你会觉得全身发热。

双腿站直，两脚保持与肩同宽，轮流转动双脚，做20组。

左右转动你的肩膀，第一步转左肩，第二步转右肩，最后两个肩膀一起转动，做10组。

把手放到你的头部后方，然后再放到臀部后方，做10组。

把双手向上举直，然后一边深呼吸一边慢慢放下，做10组。

原地齐步走，大腿抬到与地面平行的高度，做10组。

简单热身法二：

四肢着地，保持双肩和臀部一样宽，慢慢地逐渐收紧小腹，并紧紧收住，然后慢慢地把背部像猫一样拱起，重复10次。

身体平趴在地面上，两只手臂撑起上半身，然后右腿收在腹部处，将大腿外部紧贴地面，慢慢地把左腿拉伸，坚持20秒，重复10组。

单腿跪地，将双臂保持与肩同宽，将双手放在跪地的那条大腿上，身体稍向前倾，呈弓字状，身体向下压腿。

简单热身法三：

此种热身法活动肌肉包括大腿后侧肌肉、大腿内侧肌肉、小腿后侧肌肉、背部肌肉。

活动大腿后侧肌肉：在室外的地面上铺上薄毯，左腿平放放直，右腿则自由放置，坐直，身体慢慢向前倾，尽力够到左脚脚尖，坚持 30 秒，30 秒过后再轮流换右腿做，重复 2 次。

活动大腿内侧肌肉：仍然保持上一个动作的平坐姿势，左右脚伸直放平，坐直，身体慢慢向前倾，两只手从大腿内侧尽力够双足，保持这个姿势，重复 3 次。

活动小腿后侧肌肉：慢慢趴下，用双臂和一条腿（伸直，脚尖着地）支撑身体，另一条腿自由放置，身体重心放在前脚掌上，脚跟使劲，当小腿后侧肌肉被拉紧，保持紧张状态，重复 3 次，再轮流换腿做 3 次。

活动背部肌肉：仍旧保持坐姿，双腿再提前贴紧伸直，上身前倾，尽力用手去够脚尖，尽量让腹部胸部靠近腿部，保持 20 秒，再重复 3 次。

简单热身法四：

这一热身法活动到的关节主要有肩关节、髋关节、膝关节和踝关节。

活动肩关节：双手自由放置，收腹，两肩左右慢慢转动，重复 10 次。

活动髋关节：保持双腿直立姿势，两条腿略分开，收腹，两手叉腰，左右扭动胯部，重复 10 次。

活动膝关节：两条腿紧紧收紧，保持半蹲姿态，两只手握住膝盖，左右转动膝盖，重复 10 次。

活动踝关节：保持双腿直立姿势，将左腿略离开地面，用脚尖划圈，重复 10 次，然后换右腿。

以上是一些业余运动员常用的普通热身方法，但是，如果在放风筝的过程中出现了一些不可预知的运动损伤，那应该采取何种急救措施呢？

在放风筝过程中，由于要经常跑动，所以最常见的就是肌肉拉伤。当我们不幸肌肉拉伤后，要马上用冰凉的水不断地冲洗被拉伤的肌肉，如果有条件最好使用冰块，然后用布条包紧，以防血液淤积导致肌肉肿痛，回家后可以喷一些云南白药喷雾。一定要记住的是，晚上之前要解掉布条，不然会适得其反。

另外，在平时放风筝时，还有可能会有韧带拉伤这种情况的发生，那么，当遇到韧带拉伤或者是同伴韧带拉伤时，应该怎么做应急处理呢？

常发生韧带拉伤的身体部位有膝关节和踝关节等，而当膝关节或是踝关节韧带拉伤时，会明显感觉到那些部位的肿痛，很快就会看见淤青以及一些小红点。这时，应该做的是马上停下手上的风筝，找一片休息区坐下，防止皮肤下层的淤青转变为出血。之后，用冰凉的水快速持续地冲洗伤处，来达到防止它继续出血的趋势。然后用布条包紧，以防血液淤积导致肌肉肿痛。大约在半天后，就可以拆除布条，具体方法同上文中提到的肌肉拉伤处理方法，最后还可以辅之以一些简单的按摩手法，并且用热毛巾捂住伤处半小时左右，来防止伤处继续肿胀或者出血。

此外，即使是在酣畅淋漓地放完风筝以后，也要注意运动后的及时整理放松运动，通常整理放松方法主要有以下几种，大家可以按照自己的喜好和个人情况选择最适合自己的整理放松运动。

1．放松按摩法

在放完风筝之后，通常我们的肩部和腿部的肌肉会觉得十分疲惫，那么在这种情况下，选择放松按摩法会十分有效。在放完风筝约 20 分钟以后，就可以对疲惫的肌肉进行按摩。

首先，轻轻地抚触肌肉，再慢慢地转为按压，揉摁肌肉；其次，

抖动四肢，先拍打大腿，再抖动小腿或前手臂；最后，辅之以一定的手法来按摩肌肉，并且再按照节奏轻拍肌肉，让其放松。有条件的也可以选择专业的按摩师来按摩。

2．伸展放松法

身体站直，两只手放在腰间，左脚放在右脚上，然后慢慢地弯曲左脚，这个动作看似简单，其实会使右脚的肌肉也不由自主地弯曲伸展，坚持这个姿势 30 秒钟左右，然后轮换另一条腿做，重复做 2 组。

3．抬腿放松法

右脚前移，后脚掌点地，前脚掌朝上，慢慢地曲起右腿，身体略向前倾，保持这个姿势大约 20 秒钟，然后再换一条腿，重复 2 组。

左脚后移，尽量将其扩大，左脚的后脚掌点地，此时的重心在左脚掌上。身体略微向前倾，右腿弯曲，坚持这个姿势大约 20 秒，再换成右脚来做，重复做此动作 2 组。

也可以躺在薄毯上小憩片刻，平躺时脚要稍稍高过头部。但是一定不能躺在潮湿的地面上，以防湿气入骨。

放松运动后，放风筝的健身作用可以获得更好的体现。及时的肌肉放松可以增长肌肉力量，促进肌肉发展。肌肉力量的产生来源于做动作时肌肉群收缩时产生的合力。各个肌肉群的合力大小是影响肌肉力量大小的重要原因。而生理学方面分析，肌肉的紧张与放松是受大脑皮层的影响，如果肌肉只是一味地紧张收缩，那就不能很好地刺激肌肉力量的增长，也就不能最大限度地发挥力量潜能。因此，肌肉的适时放松就显得尤为重要。

此外，肌肉放松还能减轻疲劳，防止运动过程中的损伤。当人体肌肉紧张收缩时，体内的血液流动将大大变缓，因此当对肌肉进

行放松运动时，会使得血液系统的循环得到很大的改善，血液流动速度会回到正常水平，降低血液中的乳酸含量，这对于减轻疲劳和防止运动中的损伤有很大作用。

最后，放风筝作为一项全民健身运动，让运动者的身体动作更加协调也是它的一大作用，而当人们在放完风筝后及时进行肌肉放松时，能够提高肌肉的灵活性，让韧带更加灵活，在日常生活中可以轻松地完成一些动作，让身体更加协调灵活。

放风筝必知事项

❖ 选择场地

放风筝时要选择一个合适的地点，一定要是宽敞的室外，草地、平地等。因为在放风筝的过程中经常需要抬头看天或是倒着跑动，所以要选择平整的地面，防止在跑动过程中发生摔伤、绊倒等运动意外，还要看清周围的建筑物、车辆、树木、电线杆等物体。

要注意看清周围是否有电线，一般应该避开高压线、低压线，最起码距离为 500 米，还有一些移动通信线路，因为放风筝时，风筝线极易和电线杆的电线接触，从而发生短路事件。也要防止风筝在放飞过程中挂在电线杆上，无法取下。值得注意的是，如果真的在放飞过程中，风筝挂在电线杆上，不要贸然去取，避免发生触电的悲剧。

❖ 放飞时间

一般来说，在任何季节都可以放风筝。传统的观点是：风筝只宜在春季和秋季里放飞。这和中国的两个传统节日有一定的关

系，一个是春天的清明节，另一个是秋天的重阳节。其实，并不是一定如此。在北方，仍然可以看到不少人在夏日里放飞一只只漂亮的风筝。

放飞风筝前，要及时地了解天气状况，一般来讲，在春暖花开的清明前后，风力大多在 2 ～ 5 级，这样的风力十分有利于风筝的放飞。

在有雾、有雨的天气，特别是打雷下雨的天气，一定不能放飞风筝。另外，特别要注意的是不能用金属丝的线，因为这类带金属的线会将雷电引入，击中身体，造成生命危险。

❖ 放飞步骤和技巧

放风筝之前一定要了解清楚风速和风向，如果自己不懂得怎么看风向和风速，可以通过观察旗帜或者是炊烟漂浮的方向判断风向。如果周围没有旗帜或者炊烟的话，可以在地上捡起一些小纸片或者一棵枯干的草，然后抛向空中，通过漂浮的方向也可以判断出风向。如果风力适度，就可以开始放了，把风筝的提线拿在手里，然后一边跑一边看风筝是否飞起来。另外，还要对风筝起飞的状况进行观察，看其是否正常地飘在空中，如果感觉风速和风向适合放飞风筝，并且风筝逐渐向上飞时，可以停下来，缓一下，然后慢慢地放线。如果在起飞的中途，突然风力变小，并且不够风筝飞起来时，要迅速拿着提线向后退，然后奔跑，以此来提升风力。如果感觉提线有一定的拉力，那么一定要把握好时机，促进顺利放线。如果眼看着风筝就要跌下来了，一定要快速把一部分风筝线收回来。

在放风筝的时候，最好是和同伴一起，两个人或者更多人一同拉风筝线，大约拉到 10 米，要逆风拉线，面部朝着逆风的方向，用

两只手的食指和拇指轻轻按着风筝尾部的骨架，然后把风筝拿正。等到自己感觉一阵风就要来了，快速将风筝脱离开手部，一边放线，一边向逆风的方向快速奔跑，直到风筝可以飞到一定的高度，并且确保风筝不会跌下来的时候，前后轻轻抖动提线，促使其稳定。在日常的放风筝中，很多放风筝者在风筝刚刚起飞时，喜欢不看风筝的情况，迅速向前奔跑，导致风筝飞不起来或者半空跌下来，这些是错误的做法。如果是一次性放飞很多风筝，一定要好好考虑提线和风筝之间的连接状况，当风筝在空中能够稳定飞翔的时候，可以把提线系在一个固定的物体上，让风筝真正地随风自由自在飘舞。

风筝种类繁多，每一种风筝都有其自身的特点，因此，不同种类的风筝也就需要不同的放飞方法。

在我国古代，伟大的劳动人民在放风筝的活动中逐渐摸索出许多风筝的玩法，简单说来，有以下几种：

斗风筝：宋朝已有“以相勾引……线绝者为负”的记载。该玩法后已失传，现只有广东、西藏等地尚存。

装响器：从唐开始，风筝响器可分为弦、哨、打击三类。

弦：用竹弓长弦，风吹弦鸣。北方用丝条为弦，张紧后涂蛋清以增张力，一弓可张数弦，装在风筝上谓“背弓”。南方用藤条削薄为弦，声有另样。

哨：类似鸽哨。南通最盛。用筒状共鸣，箱者谓“哨”，用球形共鸣箱者谓“口”。“哨”声尖细，清脆，属高音部。口、哨相配，五音和谐十分悦耳。

打击：由风车带动轮锤敲击铜锣皮鼓，节奏很强，但音量有限，声传不远。

“送饭”（也叫“碰”）：一种靠风力把物品沿风筝线送上天的装置。

到达顶端后与预先拴好的“横棍”相撞，风翼折起，自动沿线滑下来。有的还可以在下面自动张开又飞上去，叫作“来回碰”或“来回饭”。

“送饭”的玩法很多，如送彩纸上天散下，叫“天女散花”。做成珠形的“来回碰”，放在龙头蜈蚣上，叫“龙戏珠”。风筝上挂鞭炮，“送饭”带香火上去，便可以放炮，也可以送一串点燃的小灯笼上去。现代还有送模型飞机或降落伞的。

挂灯：把带着灯的风筝放上夜空，十分美丽。在唐已盛行，但后因易引起火灾而被禁，现有电池灯可用，十分安全。

操纵：北京的鹰风筝可以通过放风筝人的巧妙操纵，使其在空中盘旋，谓之“打盘儿”。通过操纵也可使龙头蜈蚣在空中摇头摆尾，像“活龙”一样。近代的双线操纵风筝可以在空中绘出各种图形，更是令人眼花缭乱。

下面，我们先向大家简单介绍一下风筝的基本放飞方法。

起飞前先要弄清风的方向，附近如有炊烟或旗帜，视其飘浮方向即可知悉，否则随地拾起细土或枯草屑向空中抛出或者使用各种飘带，亦可测出风的正确方向，然而在高大建筑物附近所测风向不准。在整个升放风筝过程中，起飞比较艰难，有时高空的风力非常适合施放风筝，而低空风力较弱，此时必须使用技巧飞升（须以逆风方式升放风筝）。

1．跑步与放线

如果你是一个对风筝放飞很有经验的人，那么除非是一些特别大型的风筝，不管风筝是一个什么样的造型，皆不需要助手的帮忙，完全可以依靠自己自行放飞。

如果你的经验并不十分丰富，那么可以找一个助手协助你将风筝高高举起，还要拖长风筝线最起码 10 ～ 30 米，如果一有合适的风吹过，马上示意助手将风筝松开，注意不需要有其他动作，只需放手，然后一边跑动，一边注意观察风筝在半空中的情形，并加以操控。

在平时放风筝的过程中，会有许多人希望依靠全速跑动来给风筝足够的风力，以便升起风筝，这种做法是完全错误的。高手只需把握方向，慢走几步即可，因为大多数情况下，全速奔跑时人造风力太多，会适得其反，风筝反而无法被放飞，最后坠落，或是拖拽在地面上，造成风筝的破损。

风筝刚被放飞之后，假设你所在的场地比较大的话，那就可以一边跑动，一边放风筝线，直至风筝升至足够高的地方，并且没有向下掉落的感觉，那么，恭喜你，起飞过程方告成功。

2．把握放线时间

我们经常会在风力较弱的日子里放飞风筝，从起飞时就开始奔跑，直到跑到接近场地结束的情况下，如果风力仍然不够，那就需要飞快地用力往后方拉风筝线，给风筝一些人造加风。

当我们感觉到风筝线有些重了，那就要马上抓住时机松开风筝线；如果感觉较轻，那就需要减慢放风筝线的速度和节奏。当发现风筝有下降的趋势，那就需要我们马上收回一部分风筝线，等到风筝可以在天空平稳飞行时，起飞过程才算真正成功了。

3．跑动

有一点对于初学者来说是必须知道的，那就是在放风筝时并不是非跑不可，如果在有合适风力的日子里，只要快步走上二三十步路，紧接着再逆风放飞就行了。

若是在没有风的日子里，那风筝线就必须微微绷紧。至于风筝的性能如何，不是依靠风筝线的长度来决定的，而是通过在相同的风筝线长度下，由放飞的风筝线与人的垂直角度来评判的。

放风筝的人，在跑动的时候，要结合风向以及风力的大小来进行，切不可以胡乱跑动，在跑动的过程中要逆风而行，这样风筝才会在阻力的推动下起飞。当风筝飞起来以后，我们还要向前稍微跑一段距离，直到风筝飞上空中并且稳定后方可停止。在跑的过程中还要注意风筝的飞行方向以及飞行角度，跑的速度要慢、稳，一边跑一边对风筝的角度进行调控，保证风筝的稳定性。

风筝的放飞高度，若只是 1.8 米左右的小风筝，两三百米的风筝

线就足够了。两三米的风筝则需要 500 ～ 800 米的风筝线，一般情况下不会超过 1000 米。线太长的话，反而会使风筝放不起来，可能会发生一些问题，比如说，容易与其他人的风筝线绕在一起、拉力太大，导致力量不够、塑料轮子不能承受那么大的强度，难以掌握风筝在空中的方向等问题。

4．操纵

如果风筝的质量比较好，并且受力均匀，当风向比较稳定，风筝在空中可以安稳的时候，就可以把风筝线系在树上、石头上或者是稳重静止的物体上，让风筝自由飘浮。如果风向不稳，风筝在空中不够稳定时，需要我们对其进行操控，把握风向。

5．风力突然变化

如果在放风筝的时候，突然间风力反向运行，导致风筝在空中不稳定，随时都有可能落地的危险时，可以采取下列两种方法:第一，抓紧时间放线。第二，拉着风筝线向前方快速奔跑。这两种方法都可以缓解突发情况。如果在放风筝的时候风力突然间停止，风筝将要落下来的时候，我们可以采取和上述两种方法相反的方式，也就是拉着风筝线迅速向后方奔跑。如果场地不够，或者后方没有空地，可以通过快速收线来解决问题。

在风力较小的情况下，放线可以长一点，促使风筝飞得更高，因为高空中风力比低空大，有助于风筝稳定飞行。然后通过收线—放线—收线等循环过程，有助于风筝在空中保持更长的时间。

6．场地的使用

如果风力比较弱，风筝很难起飞，这时我们应该缩小场地，并且尽量减少后退距离，只有在必要的时候才向后方奔跑。相反，当风力比较大的时候，尽量要退到最后面，有助于在需要的时候向前方跑。

7. 收回风筝

一般情况下收回风筝很容易，但是要注意，在收线的时候不能太快，因为这个时候线和地面的角度比较大，如果收线太快，会导致风筝迅速下坠。另外，在收线的时候，尽量避开树木较多的地方，防止风筝下降时夹在树上。初学者最好用三角形风筝，因为三角形风筝起飞比较稳定，放在地面上逐渐拉线便可以起飞，对于远距离飞行很稳定。在选购时不要选择质量差的风筝，最好买大一点的。放风筝的过程其实就是一个随时变化的过程，因为在放行的时候，风筝会受到风力影响，而风力又是不稳定的，就需要随时调控风筝。当风力逐渐增大的时候要对线的拉力进行观察，如果拉力比较大，就说明风筝在空中不太稳定，需要收线，可以沿着风筝线的方向快速跑，边跑边收线。

各式风筝放飞方法详解

市面上的风筝多种多样，每个人的喜好也不尽相同，每种风筝都有自己的放飞方法，前文所介绍的只是放风筝的通用方法。下面将为大家详细介绍各种不同种类的风筝的详细放飞方法。

❖ 定点放飞

定点放飞，就是放飞者在放飞风筝的时候要转身，使身体对着风口的方向，一只手要将手中的风筝正面迎风托起，另一只手拿着线轮，然后使用逐段放线和收线的技巧，让风筝从低到高逐渐慢慢地升入高空中（注意：定点放飞的技术也可由他人迎风托举着风筝来帮助飞行）。开始的时候，可以先放出 10 米，接着再放出 10 米，慢慢地将线轮中的引线一段一段地放出，当引线大约拉至100米的时候就可以停止。

在低空区50米之内放风筝，每加长一段线的距离时都要注意观察风筝的飞升情况，因为这样能够及时发现风筝出现的问题，便于及时收回风筝并且加以修整。如果风筝放飞时逐段的飞升情况都非常稳定，那么就可以继续放线，使风筝飞升的高度逐渐达到自己比较满意的程度。

对于风筝的性能问题，以及风筝的飞行状态要客观看待，并不是把风筝线放得越长就越好，我们在看风筝的高度时，是看风筝的垂直高度，也就是风筝与地面的距离，即垂直距离，而不是线的长度。

一般情况下，风筝线的长度控制在100米左右就可以了。可以把风筝的垂直高度保持在40米左右，当然这种情况也要根据自己的放风筝技术来确定，如果技术好的话，可以用同样的长度把风筝放得更高一些。如果放得过高，或者线放得过长，一方面高空的风力比较大，很有可能会把风筝线给刮断，另一方面风筝飞得太高的话对于控制风筝来说就是一件麻烦事，也会失去风筝的娱乐性，所以要尽可能地控制好风筝的高度。

只有熟练掌握了放风筝的技巧，才能在放风筝过程中感受到它的乐趣。风筝飞得太低，我们会着急，会失去放风筝的兴趣，风筝飞得过高又会影响我们的欣赏性，所以要把握好这个尺度，要在力所能及的范围内把控风筝，这样才会感受到那种乐趣。

❖ 跑动放飞

跑动放飞是指放风筝的人一只手握住风向线轮，另一只手托住风筝，一边跑步一边放线和收线，直到风筝可以自己在空中稳定飘

浮为止。

动作要领：边放线边跑步，并且要在跑的过程中一气呵成。要切记不仅要放线还要收线。如果一直在放线，虽然风筝可以飞起来，但一般是在低空中飞行；如果不放线只收线，只能够把风筝固定在一定高度，不利于飞行。

在放风筝的过程中通过快速跑动，可以促进空中风筝的运动，把阻力和升力提升起来，促进风筝快速由低空向高空进展。

跑动放飞原理：物体和空气是相互作用并且相对运动的，不管是物体向空气运动还是空气向物体运动，都会有一种阻力产生，也就是产生空气阻力，它是由升力和阻力形成的，可以把风筝本身重量降低，促进风筝向上飞行。

❖ 串联放飞

串联放飞，顾名思义是指把两个或者两个以上的风筝相互串在一起，促使它们一起在空中飞行。

动作要领：跑动放飞和串联放飞的基本要求和方法相同，但是串联放飞中需要注意三个问题：第一，当放飞多只风筝或者风筝比较大时，最好不要一个人操作，要找个同伴帮助自己；第二，在串联放飞之前要对每一只风筝做单只试飞，进行调整；第三，把串联放飞的技巧和方法掌握好。

比较常用的串联放飞方法有如下四种：

第一种，单线连接方法。就是在每一只风筝后面用拴结前脚线的方法拴后脚线，然后用一条比较长的间距线，把后面一只风筝和前面一只风筝相互连接，后面的风筝连接方式和前面的一样，等到把所有风筝都连接到位之后，用手抓住最后一只风筝的线和第一只

风筝的线，观察风筝是否完好立在线上。如果发现有些风筝没有完整立在线上，要对其前面的风筝进行调整促使后面的风筝可以正直，之后开始飞行。

第二种，双线连接方法。双线连接是指在单线连接之上，再找一条和单线同样长的线，将风筝的下角线连在一起。更好地提升风筝稳定性。

第三种，三线连接方法。就是把每一只风筝上所有的脚线都系在一起，然后找一条比单线长二倍的线把它们连接在一起，促使三条线为上一下二或者上二下一形式。利用三线连接方法可以保持风筝稳定，程序比较简单，重点在所有风筝的前脚线上。

第四种，枝干连接方法。当所有风筝调试等基础工作做完之后，在每一只风筝上保留一条引线，当前面的风筝有一定高度的时候，把所有后面风筝的引线与总线相连接。采用这种方法有一定的缺点：起飞时间比较长，因为要一只一只地放，并且要连接，用的时间比较长，但是如果人手多的话会影响风筝飞起的质量。它的优点是可以把风筝飞行空间拓宽。

❖ 龙类风筝的放飞

龙类风筝，主要是指一些以美化装扮成为公认的立体龙头与多肢节的龙体飞升片相互连接在一起的风筝。龙头骨架主要是立体结构，龙节片一般是圆形硬板片子结构，而且中下部绑扎的是一根两头都有鸡毛（可以起到平衡作用）的骨条。需要注意的是骨条的长度一般为节片直径的大约 3 ～ 4 倍，而且节片与节片之间的相互间距线长大约为节片直径的 2 倍。龙类风筝在制作、连接和放飞的时候都比较繁复，很多工作往往都需要很多的人协助

才能完成。

以中型龙风筝为例，它的放飞方法如下：

中型龙风筝的节片直径为 23 ～ 27 厘米，节片最少也有 60 片以上，以节片直径为 25 厘米计算，从龙头至龙尾大约是 30 米长。除去 1 人作为主放飞手以外，至少要 5 名助手协助放飞才行。

首先由 1 人持龙头，1 人持龙尾，1 ～ 3 人持龙节片中部，迎风面对主放飞手，并将风筝托举过头，主放飞手与龙头保持 15 米左右，握牢线拐子，做好起飞准备。然后由龙头处助手上下抖动龙头，使龙节片呈波浪式上下运动，寻觅起飞时机，再一齐将风筝向上空托出；这时主放手要依风就势，边迎风跑动，边放线边提线，将风筝放远放高，当风筝升入 50 米高空以后，便能转入平稳飞行的状态。

龙类风筝的放飞，最怕的是横向翻滚，因此，要绝对保证各节片之间 3 根间距线的长度相等，特别要保证后 10 节节片间距线长度的一致性和迎风角度，在升空稳定的情况下再调整整体龙节片的飞行角度。龙类风筝的收线也不能操之过急，在放飞结束、回收风筝时，最好也有助手协助为好。

❖ 硬翅风筝的放飞

1. 风筝提线

在传统的放风筝中，提线一般情况下有 3 根，分为大型、中型、小型，大型的提线数量比较多，质量也相对比较好，这样在放飞的过程中安全性就比较高，在这里只讲一些中小型的风筝提线。提线位置是由风筝的自身结构来决定，一般情况下风筝翅膀宽度小于 800 毫米的，可以使用 2 根提线，这样在放飞的过程中，如出现飞行不稳，就可以通过 2 根线进行调整。上提线和水平提线的角度一般在 10 度

左右比较好。

2. 风筝的起飞方法

和其他类型的风筝一样，硬翅风筝在起飞方面可以运用以下方法：

第一，对于放飞中小型的风筝，可以用一只手拿着线轮，一只手提着风筝线，等到有风时就逆着风的方向把风筝放起来，如果风力较小的话，可以一边跑一边进行放飞。

第二，在放飞大型风筝时，因为风筝比较大，可以找些帮手一起进行放飞，在放飞的时候可以一个人拿着风筝，一个人进行放线。一般情况下，体积比较大的风筝在放飞时可以把线的长度加大，这样逆着风进行放飞，在放飞的时候几个人之间一定要配合默契，要在放飞之前设定每个人约定好的信号，统一进行放飞。

3. 硬翅风筝的飞行情况及调整方式

硬翅风筝飞行的过程中常会出现以下问题：

第一，偏向一侧。这种情况主要是风筝在飞行的过程中，方向往一边倾斜，风筝不平稳。对于这种情况，要具体问题具体分析，如果说风筝向左偏，可以把上面的提线稍微向左边移动就行，一直调整到风筝平稳的位置，尤其需要注意的是，每次调整的幅度都不要太大。如果向右偏的话，依然按照这种方法进行调整就可以了，调整的方向一定要和风筝的偏向方向一致。

第二，扎跟头。这种现象就是风筝正飞行的时候，突然失去重心，头朝下落。对于这种情况，也要根据不同的境况进行调整，可以先对风筝的尾部进行调整，加重尾部的力量；如果这种方法不奏效的话，可以进行上线的调整，即上线进行收缩拉伸，在次过程中，也要循序渐进、一点一点地进行调整。如果这两种方法都不行，那么就放弃飞行，加重风筝尾部的力度，保持风筝的稳定性。

第三，摇晃。如果风筝在飞行的时候，出现左右摇摆的情况，首先要分析清楚产生这种现象的原因，一般情况下是由于风筝重心不稳造成的，若重心偏上，调整方法是把提线缩短进行拉伸，逐步调整。

第四，风筝一直往远处飞，倾斜角度比较大，但高度很小。这种情况下，主要是缩短上线的长度，或者是把风筝尾部的重量减轻。

第五，向前。就是风筝线感觉没有力度，只要拉线风筝就会落下去，这种情况下，要缩短下线。

第六，来回翻转。这种现象是风筝已经飞起来了，但是风筝不稳,像风车一样来回旋转。如果出现这种情况,说明风筝没有制作好，风筝的尾部力度不够，需要加一些点缀物。

4. 放飞风筝时的注意事项

（1）要注意自己的安全。

（2）在放飞的过程中，要随时根据风向的变动改变自己的位置，并且在风力比较大的时候，多注意观察风速对风筝的影响，还要控制好风筝线上的力度。如果出现风筝线拉力过大，这说明风筝受到风的阻力比较大，可以把风筝线略微放长，或者是自己顺着风的方向走动，并在走动的过程中迅速地收线。千万不要等到无法控制风筝时再进行收线，那样对风筝将会造成很大的伤害。

（3）如果出现风力较小的情况，可以尽量地把风筝的高度拉高，这样就可以让风筝受到高空风力的承载。在进行操作时，可以按放线—收线—放线—收线进行反复操作，直到把风筝拉升到一定高度让风筝飞稳为止。

❖ 特技风筝的放飞

特技风筝不同于普通的单线风筝，通常由 2 根线操控，比的不再是飞得高，而是看谁的动作更漂亮。特技风筝由于可以在天空以很高的速度飞行，风力可以震动风筝声道的布料而发出类似引擎一样的声音，所以很多人会以为特技风筝有遥控器或者马达安装在上面，其实仅仅是布料震动而已。

1. 特技风筝放线技巧

（1）将两线一端套进插销，固定在地上（插销自备）。

（2）开始放线，两线需平行分开且等长。

（3）依绑线技巧，将两线绑到风筝铝圈上。

（4）将风筝正对风向，人往后倾斜站立。

2. 起飞技巧

（1）背风站立，双手拉紧双线。稍往后退，同时向后速拉双线，即可起飞。

（2）风速不足时，人需急速后退，拉高风筝。

3. 飞行技巧

当控线双手平行用力时，风筝一直向前直线上升，当双手用力轻重缓急不同时，会出现不同的情况。缓缓用力时风筝的运动轨迹为弧线形，瞬间加力时轨迹呈棱角状。当双线相缠时，控制风筝的拉线仍是左拉向左、右拉向右。

（1）左手后移，再归位，可向左水平飞行。

（2）右手后移，再归位，可向右水平飞行。

（3）左手后移，不归位，可向左旋转飞行。

（4）右手后移，不归位，可向右旋转飞行。

4．降落技巧

它不像传统风筝那样收线降落，而是以风的大小来做迎风降落和侧风降落。这项技巧一定要好好掌握，不然风筝就会重重地摔在地上。

（1）迎风降落：缓缓控制拉线，让风筝飞至离地面 1 ～ 2 米，将风筝拉正。人向前移，使风筝失去动力，产生一种空飘的感觉而徐徐降落。

（2）侧风降落：在风力强时，可将风筝拉至风向的侧面，降低高度，缓缓斜降。

❖ 软翅带尾巴风筝的放飞

放飞此类风筝时要先把尾巴折叠在头的前面。这类风筝的尾巴主要起减轻所产生的下坠力的作用。放飞者要手执头的上部把风筝立起，接着放线，风筝便会飞升，开始因尾巴的重量会使风筝倾斜上升，当风筝离开地面就恢复平稳。放飞者这时便可采用分段放线的办法，风筝就能起飞了。

❖ 盘鹰风筝的放飞

首先，要先对盘鹰风筝有一个具体的了解。

现代的盘鹰风筝就是在中国传统风筝的基础上演变而来，再后来慢慢发展起来的一种新型的运动型风筝，因为它有着很好的仿真性，可以模拟真鹰在高空中自由地盘旋，甚至也能够完成俯冲、翻身、滑翔等一些特技动作。因为它既能够在室外放飞，也能够在室内无风放飞，所以盘鹰集艺术、技巧与健身三位于一身，是一项非常值得推广的休闲户外运动。

盘鹰风筝在空中飞行时，对于旋转动作的把握，要加大力度，这种风筝的放飞地点最好选择在人比较少的地方。一般情况下，盘鹰风筝的放飞风力要求在 3 级以下，且场地上没有其他风筝的飞行，这样才有利于盘鹰风筝的放飞。

在放飞盘鹰风筝的时候，一定要用质量较好的放飞工具，一般要用叉子轮。因为放盘鹰的时候，会在空中做一定旋转活动，它会随着风力转圈，这个时候就要求放线和收线的速度可以足够快，能够跟上盘鹰盘旋时间，否则将不利于盘鹰飞翔。

放线：把盘鹰风筝的头对着自己然后放在地面上，大约放线 30 ～ 100 米，然后把线拉直。对于初学者来说，最好要从 30 米处开始把放线的距离加长。

收线：在收线的时候要突然间轻轻收起，中间不要停顿，促使盘鹰离开地面，然后逐渐拉在面前。下面是具体操作技巧和方法：

在拉线的时候，要保持盘鹰高度在 2 ～ 5 米，不可以用力太猛，也不可以太轻,要把握好一个度。也不可以突然间停止收线或者放线，否则盘鹰的头部会砸向地面，没有平衡性。

1. 收线的力量

在收线的时候要不停地变换力量和速度，促使盘鹰头部可以进行高低变换。观察鹰头，如果向两侧转，这时应该停止力度，收回空线，等到盘鹰头直立对准自己的时候，可以加强力度收线。

在拉的过程中，要保持盘鹰头可以向自己的方向拉，不是太低也不会上升太高，一般在 2 米左右。如果你可以从大约 100 米的距离向自己拉，就说明你的能力已经很不错了。

2. 高空练习

在进行高空练习时，可以根据风筝不同的形状、重量，进行收

线，收线时力度也要合理地控制好。一般情况下，对于比较小的风筝，可以把力度控制在 0.5 千克左右，对于翅膀在 1.8 米左右的鹰型风筝，可以把力度控制在 1 千克左右；大于 1.8 米的风筝，把力度控制在 1.5 千克就行。

在进行拉线的时候，鹰头对着自己是拉线的最好时机。这种情况下鹰会迅速飞起来，飞起来的时候可能会出现两侧的摆动，并且摆动幅度会比较大。如果用力适度，鹰就会顺利上升，但如果用力过度，或者用力不足，风筝都不会达到想要的结果。如果在上升过程中出现下落，应该加大后摆的力度，收线的时候用力不要过大，速度要放慢。尽量让鹰头保持水平状态，然后等到鹰头朝向自己时进行再一次的拉升。这样等到鹰飞到一定高度的时候就可以了，一般情况下，倾斜度在 80 度，高度在 30 米时风筝就达到平稳了，当然也可以根据高度比进行调整。

高度放线，在鹰进行高度盘旋时，如果出现提线过紧时，那么就应该进行放线，在放线的过程中，用力要适度，保持好风筝的稳定性。

当鹰的盘旋弧度在 150 度左右时，应该进行放线，在放线时同样要控制好力度，一般情况下，力度控制在 0.1 千克就可以了。

当鹰在空中盘旋 190 度时，线会比较松弛，这个时候要及时进行收线；当鹰在空中盘旋时，高度会有一定的下降，这个时候要控制好提线的长度，适当地进行缩线。低盘放线，当鹰进行来回摆动时，要适当加大对提线的收缩，控制好提线的力度，并利用提线的方向摆动对鹰进行调整。当故意进行旋转摆动时，要注意放线的长度和力度，不能用力过猛，也不能用力过轻，这样都会影响到鹰的摆动，甚至操作不当会影响到风筝的平稳性，所以要充分利用提线的作用，

进行有效的收缩、拉伸，在操作过程中动作要敏捷迅速。在进行收放线时，可以加大力度、速度，但必须很好地控制好鹰的平衡性。

虽然盘鹰只需单线牵引放飞，但放飞者通过对盘鹰飞行原理与放飞技巧的理解和运用，能使它在空中盘旋飞行。由于它具有良好的飞行性能，在较小和较大的风力中都可飞升和盘旋，而且由于它造型逼真，携带方便，因此深得风筝爱好者和玩家的喜爱。

盘鹰能够在空中盘旋，主要是放飞者运用快速收线且再放线的放飞方法去实现的。其中的奥秘在于：快速收线就等于快速提升盘鹰在空气中的运动，盘鹰因瞬间升力增大而陡升。

当盘鹰疾速上升到一定高度后，放飞者停止收线，这时盘鹰因冲力和空气的惯性，便会暂时失去飞行迎角，在空气中与气流平行，并处于一种平面飘浮的状态，这时也是盘鹰开始盘旋的前兆。

当放飞者发现盘鹰已经出现向某侧偏转时，再将引线放出，盘鹰便会在失去牵引作用的情况下，向某侧呈圆弧形滑翔飞行。

如此，放飞者再次收线—静止—放线，盘鹰便会再次攀升并飘浮盘旋。

盘鹰的飞行原理是：当快速攀升，即处于完全受风的状态时，两翼的阻力和升力也处于最大和基本平衡的状态，因此风筝可以疾速上升；当停止运动时，即处于不完全受风的状态时，两翼的阻力和升力基本为零，因此只能靠空气比重和惯性飘浮；当失去引力，并由风势作用于尾部，重力作用于头部时，即两翼的阻力和升力相对产生某侧不平衡时，盘鹰便会向某侧滑翔偏转。

盘鹰有高盘和低盘之分，还有大盘和小盘之分，但一般多向一个方向偏转。如何使其高低能盘、大小可盘、左右也盘，除风筝要品相俱佳、天气适宜之外，放飞者还须具有纯熟的放飞技巧和精深

的艺术修养。

盘鹰能够在空中盘旋，并不是单靠收线和放线就可以的，更不是任何一只风筝通过这种方法就可以使其盘旋。盘鹰虽然在型制上与普通鹰风筝相同，但在制作工艺上却与普通鹰风筝存在着很多看似相同却不尽相同的地方。由于盘鹰的飞行形态能达到以假乱真的境地，它不仅提升了风筝的动态吸引力，而且也提升了风筝的观赏性，所以人们对放飞盘鹰风筝的情趣有增无减。

第四章

风筝小技巧

放风筝不得不知的小贴士

放风筝前要首先知道风的方向和力度，如果在放风筝的场地上恰巧有飘扬中的旗帜或者炊烟，通过观察它飘浮的方向就能预估出风的方向与大概速度。或者，也可以捡起地上的草屑和一些碎纸片撒向空中，通过它们也可以看出风的大概方向。

在风力较大的时候，放风筝完全不需要两个人，自己提着风筝的提线，逆着风跑动，一边跑一边看，同时注意风筝在天空中的情况，当感到风力差不多，并且风筝在不断地稳定上升时，就可以停下脚步，以较慢的速度放线。

当风力不够时，可以快速向后收线，相当于给它增加风力；若感觉风筝线有合适的拉力时，那就要把握好时间放线；若风筝有下降的感觉，那就需要马上收回一些风筝线，直到风筝可以在空中平稳飞行。

当感觉到风筝飞行平稳时，可以选择把风筝线系在树干或物体上，让它自行飞行。

在数人一起放风筝的室外空地上时，经常会发生临近的两只风筝的线缠在一起，这时大可不必慌张，马上走近纠缠者，两人稍加交换线轴，使线解开即可。

如果一次同时放几只风筝时，那就必须要仔细考虑清楚风筝与提线的连接方式，这很大程度上会影响放飞的质量。

由于放风筝是一种全民健身运动，因此非常适合亲子间增进感情，并且，父母作为助手帮助孩子提线放飞，可以大大增加风筝放飞成功的概率。

在放飞时，如果不巧风筝线缠绕在树木上，此时一定不能急着

放线，因为此时的风筝贸然放线可能会缠绕得更紧，更难以取下，甚至损坏。这时你大可以静心等待些时间，或者进行收、放或抖动放线，有时候风筝能够依靠风子节点力再次飞起来。

有时缠在树上的风筝不能够很快拿下，记得千万不可爬树，尤其是冬春季节树枝较为脆弱，一不小心就会被摔伤。因此，放飞前一定要选好放飞场所，做好热身运动。

当风速过快时放线、提拉的速度过快，导致手掌处或是手指处被轻轻一拉，就可能拉破手指，所以放线的速度不能过快。

新手放风筝时，不管风大还是风小，总是会选择背着风筝，快速奔跑，风筝倒着栽跟头，头部向下在地上拖着，甚至被摔坏。面对这类新手问题，放飞时就应该面对风筝或稍微转身看风筝的起飞状况，如有栽跟头的迹象就应该及时放线或靠近风筝，让它轻轻地落地，防止把风筝摔坏。

尺寸较大的风筝在放飞时要注意安全，防止在风筝扎头时砸到路人。尤其是复线操控的风筝，在进行特技类表演时，画圈、直角、俯冲的力量会很大，一定要注意事故的发生，最好在无人至少是没有到处跑动的小孩的空地上放飞风筝。

当放完风筝准备收线结束时，对于一些制作比较精细、大型的风筝，千万要注意对它的保护。由于这类风筝往往价格不菲，零部件较多，因此在结束收线时，一定要在它掉地之前托住它，防止直接接触地面，但也不要抓它的一些零部件部位，因为这类风筝的零部件大多重要且脆弱，应当托住它的中心轴竹篾处。

放风筝常见问题

在平时放风筝过程中，比较常见的故障有翻转下跌、侧飞、前俯、下俯、后仰、旋转、摇摆等。

下面，将向大家依次讲解如何排除这几类故障。

❖ 翻转下跌

即风筝在放飞途中忽然翻转，然后以首部在上、尾部在下的姿势急速下跌。

当遇到这种情况切记不要慌张，立刻调整手中的线轴，第一种方法是慢慢在风筝的尾端加重力度，让风筝的重心逐渐下挪到合适的地方。第二种方法则是将尾端向后稍弯曲，或是把手中的放线慢慢上提，也可以达到同样的效果。

要记住的是，在使用这两种调整方法的时候，都不可以调整得过猛过快，应该一面调试，一面继续放飞，并且留心风向风力等因素，及时调整手上的力度和方向。

假如在试过以上两种方法以后，翻转下跌的问题仍不能得到解决，那么就要想想是不是风筝的原始设计存在缺陷。

❖ 侧飞

即风筝在放飞过程中姿态奇怪，习惯性地朝着左侧或是右侧一边偏转的情况。

碰到这类状况，可能有以下几个原因：风筝重量分布不均，风筝左右造型不对称，提线的姿势不对。在遇到这类情况时，针对第一个可能原因，可以尝试用手把持住风筝中间的轴，检查掂量它两

部分的重量是否一样，万一用手掂量后发现风筝真的有一边比较重，并且与它在空中飞行时的侧飞方向一样，那么就可以确定是由于风筝的两边重量不均匀造成的。解决方法很简单，只需要在风筝的偏轻一方加重就行。

针对第二种原因，则需查看风筝两边的形状是否一样，因为在风筝最初的制作过程中，可能会出现测量问题，从而导致两边的大小形状不同，或是竹篾的不均匀，最终导致风筝在飞行过程中受力不均。

第三种原因，则依靠调整手中的线来解决，将线向风筝飞行时侧飞的一边略微一动，逐步试验出最合适的线长。

❖ 前俯

即风筝放飞过程中，稍稍用线一扯，风筝就不受控制地向前俯，放风筝的人无法用手中的线来控制风筝的现象。通常情况下，如果是单提线的风筝，可以将手中的线稍稍向前移。如果是两条或两条以上提线的风筝，那就应该稍稍降低提线的长度，让它下移，通过这种方法设法让风筝重新抬头。

❖ 下俯

类似于前俯，当飞到某一高度时，风筝不受控制地向下俯，在天空中慢慢飞行。应对方法十分简单，只需加快收线的速度就行，下俯问题自然会迎刃而解。

❖ 后仰

即风筝在放飞时难以上升，停滞不上的状况。遇到后仰问题时需要把手中的提线向上移，再减轻风筝尾端的重量，使其前后平衡。

❖ 旋转

即风筝在飞行时朝某侧飞快旋转的现象。这类问题的解决较为复杂，原因也有很多种。首先要怀疑是否是左右的提线用力不均，从而使受力不均。如果风筝是多根提线系的，可能是用力不均，从而导致旋转。其次要怀疑是否是风筝的大小不合适等造成的。如果风筝在空中发生了旋转一定要及时解决，否则风筝将会很快跌落在地面。这种状况，要通过侧拉提线或者促进同方向旋转等方式解决。第一，当风筝旋转时，可以拉近提线，然后等到风筝下降一小段距离之后，再保持提线松紧度正常。第二，也可以采取同方向旋转方式促进风筝正常，随着风筝旋转的方向用力抖动提线，促使风筝旋转方向和风向一致，当保持一致时，风筝就不容易旋转和跌落了。这两种方法都属于克服风筝旋转的方法，在采取方法的时候一定要把握好一个度，例如，拉提线的时候一定不可以拉得过多，否则会造成风筝下跌。

❖ 摇摆

风筝在空中摇摆和倾斜是不同的，倾斜是指风筝向一个方面的倾倒，而摇摆是指风筝在空中一会向左、一会向右摇摆，完全没有方向性，摇摆一段时间之后会下跌到地面。还有一种现象是风筝在空中向后或者向前起伏，这也是属于摇摆。在调整时，要把风筝的总提线略微向下方压，并且在移动的过程中要试着看其是否合理，适可而止，避免产生其他问题。同时适当地减轻风筝尾部重量，也可以促进风筝恢复正常。如果风筝有很多根提线，也可以通过加大每一根提线间的距离来控制摇摆。如果风筝只有一根提线，并且经

常出现向前方或者向后方起伏的状况，可以把风筝的翅膀和身体相互固定，然后把提线弄成两根，一根在下面，另一根在上面，这样有助于克服前后起伏的状况。另外要注意，在有些时候，风筝进行前后起伏并不一定是不好的，因为一些设计者设计风筝时故意利用图形形状促使其在飞舞时摇摆的，例如小燕子形状等，通过摇摆能够给人更加逼真的感觉，就好像一只真正的燕子在空中扑翅飞翔。

放风筝常见事故及预防

❖ 风筝断线

产生风筝断线的原因很多，首先是线不牢固、用细线放体积比较大的风筝、旧线有伤痕等，特别是风太大的时候放风筝极容易导致断线。其次是收线的时候一些人用手用力摇轮线车，收线迅速时容易把线弄到轮子外面，导致线面受损，直至断掉。再次是两条风筝线相互搭配，在风大的时候急于收线或者急于放线，导致两条线之间发热，促使线断，风筝飘在空中。这些事情都很容易发生，所以在放风筝的时候要注意周围是否有其他风筝也在空中飞，如果有，一定要保持一定距离。如果有搭线，一定要保证放飞者快速走到一起，把两条线相互并拢，使交叉的地方拉在眼前，想办法解开。

❖ 风筝挂在树上

如果在放风筝的过程中，风筝不小心挂在了树上，要先放线，不行的话再收线，或者来回抖动线，有些时候风筝会借助风力再次飞起来，但是也有时候会挂在树上拉不下来，这个时候一定不要爬树，小心摔伤，特别是春天和冬天，树皮一般比较脆。所以，在放风筝之前一定要选好场地。

❖ 急速栽头摔坏风筝

一般情况下这种情况容易发生在初学者身上，因为初学者不会看风向，常常背着风筝快速跑，风筝扎头也不顾及看，使风筝头朝下摔坏。在放飞的时候一定要看风向，不可急于奔跑，在奔跑的时候要看风筝是否正常，如果有下落的趋势，要立即停止奔跑，停下慢慢收线，防止风筝摔坏。

❖ 放线时拉破手指

在放风筝的时候如果风大一定要戴上手套，因为风大放线迅速时，容易割破手指。

❖ 风筝急落砸人

在放大型风筝的时候一定要注意，不可以在风筝下落时砸到头部，尤其是那些线比较复杂、不利于操纵的风筝，在进行表演的时候要注意俯冲、直角、画圈等力量比较大，一定要注意避免事故发生，一般要在没有人的地方放飞。

❖ 场地不平易摔倒

在放飞的时候要注意看场地，要注意力集中，避免绊倒和摔伤。

南京市风筝运动协会

风筝常见断线原因大解析及用线推荐

造成风筝断线的一大原因就是风筝线本身的质量不好，或是选择的这种材质的风筝线并不适合所放飞的风筝的种类，这也就是风筝爱好者们一直苦苦追寻的答案。

关于各种材质的风筝线，前面已有详细介绍，那么到底应该如何选择适合自己的风筝的专属风筝线呢？下面，就给大家推荐几种常见的风筝线组合。

1. 四线眼镜风筝

当四线眼镜风筝在 1 ～ 3 级风力下放飞时，推荐：

大力马线：熔点低，强度高，80 ～ 150 磅；

丝百克线：熔点低，强度高，80 ～ 150 磅；

凯夫拉线：熔点高，强度高，80 ～ 150 磅。

2. 1 ～ 2 米串子风筝

当串子风筝在 1 ～ 3 级风力下放飞时，推荐：

大力马线：熔点低，强度高，200 磅；

丝百克线：熔点低，强度高，200 磅；

凯夫拉线：熔点高，强度高，200 磅。

而当串子风筝在 3 ～ 5 级风力天气放飞时，推荐：

大力马线：熔点低，强度高，300 ～ 400 磅；

丝百克线：熔点低，强度高，300 ～ 400 磅；

凯夫拉线：熔点高，强度高，300 ～ 400 磅。

3. 1 ～ 2 米双线软体

当小型双线风筝在 1 ～ 3 级风力下放飞时，推荐：

大力马线：熔点低，强度高，150 ～ 200 磅；

丝百克线：熔点低，强度高，150 ～ 200 磅；

凯夫拉线：熔点高，强度高，150 ～ 200 磅。

而当这类小型风筝遇到 3 ～ 5 级的风力时，推荐：

大力马线：熔点低，强度高，250 ～ 500 磅；

丝百克线：熔点低，强度高，250 ～ 500 磅；

凯夫拉线：熔点高，强度高，250 ～ 500 磅。

4．3 ～ 6 米双线软体

当大型双线风筝在 1 ～ 3 级风力下放飞时，推荐：

大力马线：熔点低，强度高，250 磅；

丝百克线：熔点低，强度高，250 磅；

凯夫拉线：熔点高，强度高，250 磅。

而当这类小型风筝遇到 3 ～ 5 级的风力时，推荐：

大力马线：熔点低，强度高，250 ～ 500 磅；

丝百克线：熔点低，强度高，250 ～ 500 磅；

凯夫拉线：熔点高，强度高，250 ～ 500 磅。

5．2 ～ 4 米翻滚风筝

当这类风筝在 1 ～ 3 级风力下放飞时，推荐：

大力马线：熔点低，强度高，80 ～ 150 磅；

丝百克线：熔点低，强度高，80 ～ 150 磅；

凯夫拉线：熔点高，强度高，80 ～ 150 磅。

而当这类风筝遇到 3 ～ 5 级的风力时，推荐：

大力马线：熔点低，强度高，150 ～ 200 磅；

丝百克线：熔点低，强度高，150 ～ 200 磅；

凯夫拉线：熔点高，强度高，150 ～ 200 磅。

6．1 米以下特技风筝

对于这类微型风筝，不推荐使用丝百克线，而推荐：

大力马线：熔点低，强度高，40 磅；

凯夫拉线：熔点高，强度高，40 磅。

7．1 ～ 1.4 米特技风筝

对于这类中型风筝，推荐：

大力马线：熔点低，强度高，80 磅；

丝百克线：熔点低，强度高，80 磅；

凯夫拉线：熔点高，强度高，80 磅；

白色风筝线：熔点低，强度一般，50 磅；

轮胎线：熔点低，强度一般，50 磅。

8. 1.8 ～ 2 米特技风筝

这类大型风筝在 1 ～ 3 级风力下放飞时，推荐：

大力马线：熔点低，强度高，100 ～ 150 磅；

丝百克线：熔点低，强度高，100 ～ 150 磅；

凯夫拉线：熔点高，强度高，100 ～ 150 磅；

白色风筝线：熔点低，强度一般，50 磅；

轮胎线：熔点低，强度一般，50 磅。

而当这类风筝遇到 3 ～ 5 级的风力时，推荐：

大力马线：熔点低，强度高，200 ～ 250 磅；

丝百克线：熔点低，强度高，200 ～ 250 磅；

凯夫拉线：熔点高，强度高，200 ～ 250 磅。

9. 2.4 米特技风筝

这类巨型风筝在 1 ～ 3 级风力下放飞时，推荐：

大力马线：熔点低，强度高，100 ～ 150 磅；

丝百克线：熔点低，强度高，100 ～ 150 磅；

凯夫拉线：熔点高，强度高，100 ～ 150 磅。

而当这类风筝遇到 3 ～ 5 级的风力时，推荐：

大力马线：熔点低，强度高，200 ～ 250 磅；

丝百克线：熔点低，强度高，200 ～ 250 磅；

凯夫拉线：熔点高，强度高，200 ～ 250 磅。

提线打结不牢、旧线有伤痕、细线放大风筝，尤其是风大时极易断线。这类原因也很常见，许多玩家由于多年放风筝，风筝线容易磨损，或是由于疏于检查，在风筝穿线孔处的结慢慢松散，那么不仅容易引

起风筝放飞过程中的不稳定，更容易引起风筝断线的后果。

许多玩家在放风筝时选择使用的缠线工具是手摇轮线车，这类工具收线快，但也存在一个致命缺陷，那就是飞快地收线时，有时会把提线绕错，当它绕到轴承里时，如果仍然继续，并且正是由于此时的速度较快，即使发现了这个问题，也很难让其停下，只能任其继续摇，最后提线因为混乱而断开。

对于这类问题并非没有解决方法，只要时刻留心线轴，控制好收线的速度，手中加以引导，就能解决这一问题。

有数人一起在室外空地上放风筝时，经常会发生临近两只风筝的线会缠在一起，这个问题说大不大，说小不小，应马上走近纠缠者，两人稍加交换线轴，使线解开即可。

但是如果是在一个风力超过 3 级的天气，又恰巧其中一人的风筝在飞快地收线或提线，那么，两根线之间不论什么材质，都很容易发生摩擦生热，最终因风筝线的材质耐热不够或是不够坚固，线被互相割断。这在平时的放风筝过程中十分常见。

风筝停止放飞往回收线时，不可以速度过快，过快容易将线扯断或在风筝将落地时造成损坏，有时稍不小心还会被线割伤。

一般情况下，中小型的风筝不需要助手，只需右手拿住线轴，左手抓紧风筝线，缓缓拉到胸前，左手马上用食指拨动线车，把线均匀地缠绕到线轴上，之后用食指将线车握住，然后左手紧接着拉线，右手继续拨动线轴绕线，重复以上动作，就可以安全地收下风筝。

第五章

DIY风筝

风筝制作工艺介绍

在教大家DIY风筝之前，首先向大家介绍一下中国风筝的制作工艺。

风筝的独特个性是通过扎、绘、糊、放“四艺”来具体表现的。

风筝的骨架一般用竹材扎成，扎骨架的工序有以下几步。

❖ 选材

中国风筝的骨架制作以各种竹材为主，辅以苇子、高粱秆等。现代开始用木材、玻璃纤维、碳纤维复合材料或轻金属。

竹材的特点是：质轻，纤维直而密（皮部），因此有一定的强度、韧性和弹性，可以劈成各种规格的条，加工方便。可以热弯曲，定型后不易变形。缺点是刚性不如木材。

1. 竹种的选择

在选材时，除品种之外，还有对某一确定了的品种如何选择使用时间和部位的问题。

2. 竹材的选择

纵向地看一根成年的竹竿，可大体上分成根部、中部和梢部。根部节密须多形不整，不可使用。梢部明显地变细，枝多，也不可用。只可选用中段节长、粗细变化很小的那一段。

3. 横断开一根竹子，观其端面，最外部是竹皮，皮内纤维组织密集的部分是竹青，竹青内部组织疏松的部分是竹黄，制作风筝一般只使用竹青和竹皮部分，竹黄要削去。但削去多少要看具体情况而定。

4. 刚刚采下的新竹水分多，易弯曲变形，要放置阴凉处自然干燥一段时间后才能用。放置了数年，水分很少的竹子脆而坚硬，不

易弯曲，一般情况下也很少使用。当然，没有长成年的幼竹和多年在地里都自然裂开的老竹也不能用。

❖ 劈竹

由于竹的纹理平直，因此可用“劈”的办法加工。

1. 什么叫“劈”？它与“切”的不同

“劈”是指沿竹的自然纹理把它撕开，而不是用刃切开。

2. 劈竹三步

（1）切口；

（2）劈入；

（3）拨开。

3. 劈竹工具

虽然一般的刀子也可劈小竹，但劈大竹一定要有专用工具。

4. 竹材的准备

一般要把采下的圆竹进行初加工，制出竹板待用。其步骤如下：

（1）去掉竹根和竹梢；

（2）截成 1 ～ 1.5 米的圆竹段；

（3）把圆竹段劈成 8 块宽度大约相同的竹板；

（4）把竹板每 10 块一捆，整齐地捆好风干待用。

❖ 削竹

削是劈后的精加工，是用刀刃再削刮竹材，使它加工成制作各种风筝零件所需要的各种不同宽度、厚度和斜度的竹条。使用木工刨子刨削竹板，是大家常用的方法。

❖ 弯竹

竹材的一个重要特性是在一定的温度下它的结构变软，很容易弯曲，在弯曲状态下冷却便可定型。利用竹材的这个特性，便可制作出各种弯曲复杂的零件来。中国风筝的玲珑精巧也和使用这种可以任意弯曲的竹材有关。

可使用各种热源加工竹材，传统中国风筝制作中使用蜡烛和煤油灯。在热源上把竹条均匀地加热到一定的温度。要不停地转动竹条，并来回移动，使其各部分逐步加温。预热到一定温度后，竹条变软，便可弯曲。但弯曲要适度，稳准地弯曲，最好一次成功。在电烙铁上弯曲时可一段段地进行，最后弯成一个较大的弧形，小弧形则一

弯而成。竹皮向外弯曲容易，竹皮向内弯曲困难。

弯曲后可把竹条放入冷水中，使其冷却定型。

❖ 连接

把各个竹条零件连接在一起，组成风筝的整体骨架。连接的方法很多，其中在传统中国风筝制作中使用最多的是绑扎，所以在“四艺”中把“扎”放在第一位。其实除“扎”之外，还有扣楔、活头、插接等。

❖ 糊

糊风筝是用纸、矾绢、薄绸等，可以依风筝形式确定。例如在糊蜻蜓风筝的时候用绢，因为绢要比纸的透明度好，所以更像一个活蜻蜓的翅膀；在糊龙青鱼尾部要用绸，在放飞的时候可以迎风抖动肖似鱼尾；在糊鹰的时候不能用绢，因为绢在受到风的影响之后抖动就不像是在空中打旋的飞鹰了，所以必定要用皮纸或者托裱了的防风纸。当糊风筝的时候，要先比着架子来剪纸，纸要比架子大一些，边缘部分也是要剪开一些口子的，在边缘涂上糨糊后，要依次把剪开的边缘都糊在纸条上。另外，要注意糊的方法有两种：第一种是把纸包裹住竹条的四个面上，这种方法叫“包边儿”；第二种则是把纸包裹在竹条的两个面上，等糨糊干了之后，就用剪刀把多余的纸裁剪下来，这种方法叫“裁边儿”。这种方法就是要露出一部分削修加工的竹条，这样就可以显示艺人的制作技巧。另外，风筝既可以先糊后绘，也可以先绘后糊。先把各部分的纸剪好，彩绘、阴干、熨平，再糊到架子上。彩绘时，各部分衔接处图案不画全，留出一些空白，糊好后再把衔接处的图案补画整齐。各种风筝的具体糊法也各有不同，例如沙燕风筝先糊两翅，再糊两腿。最后糊头、腹，米字风筝也是先糊两翅，拍子风筝用平贴法糊纸，等等。

❖ 绘

风筝上所拥有的绘画和构图，以及颜色是最能体现地方特色的。举个例子，我国山东潍坊的风筝既吸取了潍县的木版年画技法，又吸收了京津画风筝之长，所以线条比较粗犷，色彩主要以红、黄、蓝三色为基调，重笔浓抹，色调较为明快、浑朴，使其在对称中能够达到很强烈的视觉效果。如潍坊的龙头蜈蚣风筝，以胡敬珠派的群青色为主，所以浓艳着色，相对的直观效果对比也比较强烈；而康万香派则是以普兰为主，它代表海水，而且还加以红色和橘红色

等暖色，使整个画面形象鲜明，风筝腾空之后，与蔚蓝的天空产生和谐又鲜明的视觉效果。

风筝的制作颜色各种各样，目前看到的风筝一般是比较艳丽并且比较花哨的。在过去并没有化学机制和颜料，所以作坊中所做的风筝一般是自己制造的颜色，不仅价钱低，还很美丽。下面看一下前辈老艺人是如何制作风筝颜色的，他们是如何画图和配料的。了解这些不仅可以使我们懂得风筝制作的历史背景，也可以将其运用到某些特定情境中。

1. 取黑烟子法

以前绘制风筝的时候，如果是绘制黑色，一般情况下是不用墨的，用的是锅烟子。因为用这样方法做出来的黑色不会脱落，并且不用花太多的钱，这种黑色不透明，远远超过了墨的黑。之前用木材、茅草做饭，时间长了锅底下必然会有比较厚的黑烟，只要用扫帚把那些黑烟敲打下来，并且兑上胶水，之后再用文火煮，最后用水拌匀，过一段时间之后杂质下沉，就可以使用了。如果是木板印刷就直接用锅烟子，不用胶水相兑，只要用一些淀粉在锅中煮，成为稀粥，然后把锅烟子搅拌均匀即可，不仅不会掉颜色还不会粘纸。

2. 煎胭脂法

准备一些紫草梗（紫草梗是指一种草本植物，生长时间比较长，叶面比较粗糙，叶子大约呈椭圆形，在夏天的时候会开出比较小的白花，根呈紫色，晒干之后可以用），把紫草梗晒干之后，用棍子捣碎，把木梗去掉，再加进去几片叶子，并放在锅里面用开水煮，直到紫草梗的梗变软，然后把它捞出来用力按碎，之后再熬六七次，直到气泡飘出为止，最后把熬好的汁滴在碗里，去除残渣，继续熬，之后就成为紫膏。

3. 煎槐黄花法

准备一些槐树，然后晒干，把梗去掉，加入少许石灰放在锅里炒碎，把矾水放在锅里，然后用一根木棍相互搅动，直到出现黄色的汁，可以用这种汁配置风筝颜色，最后用剩下的糨糊绘制风筝。

4. 制蓝靛法

采一些蓝靛草，放在水缸中，并加入一些沤渍，等到发酵之后，加入一些石灰用一根木棍搅烂，随后便成为水，然后去掉水中的杂质，即成为“靛青”或“花青”。以后用这些“膏”的时候可以再加入一些水。

5. 三绿

先用一些乳体把颜色研细，用手蘸水也可以，然后放入一些比较稀的胶水。

6. 合胶矾法

把白矾捣碎做成细粉，然后拌入开水，澄清之后去掉残渣，把比较好的胶水弄到锅内用文火熬好，然后用水冲洗，倒进去一点矾水，可以用舌头品尝一下，如果味道过于涩，则说明矾比较少，如果味道比较浓，则说明矾比较多，如果味道有点酸，则说明用量正好。一般情况下，冬天所用的矾比较多，夏天用得比较少。如果可以买一些化学颜料，就可以更好地绘制风筝了。一般水溶性原料可以完全溶在水中，所以再用的时候可以不用加入胶水，但是涂抹之后不容易吸收和收缩，重量增加不大，不过透光性和透明度比较好。

目前，生产出了比较好的颜色，透明度更好，那就是“彩色墨水”，颜色不比“品色”差，但是一般来说比较耐久，比最初的品色要强很多。当然价格也比较高。

❖ 放

放风筝的工具有很多，例如线、绕线轮子以及其他供游戏用的各种附加物。放风筝的线也有很多种，有适合放小风筝的缝衣线，民间最常用的风筝线——小线（也就是“三股棉线”），还有衣线（也就是真丝线，细的叫“丝线”，粗的则叫“丝绳”），最后一种比较常用的是麻线（在古时候，民间就是用此线来放大风筝的）。而绕线的轮子最普遍的就是线桄子，它是一种穿插在轴柄上的六角形线轴，因为这样能够自由地旋转着放线。在收线的时候，一只手拉线，一只手打轮，这样十分方便，而且样子也十分玲珑可爱，所以其本身

就是一件惹人喜爱的玩具。另一种就是简易桄子，它是在轴柄上穿插着一种扁框，所以用起来也很方便。但是要放大风筝的话，则要用线拐子，放更大的则要用绞车。最后就是风筝的附加物，它是放风筝的同时做游戏用的，而且种类很多，主要有："风琴""锣鼓""送饭儿的"等。

此外，风筝在制作完成后还需进行一些美化工作。这里简单介绍一下一些外国风筝的美化方法。

有很多外国风筝和中国风筝一样，是以彩绘为主的。如传统的日本风筝就是以彩绘为主，他们把"武士绘"用在风筝上，使日本风筝独具一格。其绘制方法也与中国风筝绘法相似。但很多国家的风筝美化方法不尽相同，有些是很值得学习和借鉴的。

1. 大色地的整体处理

如一只黑色的大鲨鱼，全是用黑布做的，只有几颗白牙和一双白色的眼睛，放在空中，远效果很好。

2. 拼色

如一只大鸟，用大红、橘红、黄色和黑色的布拼缝而成，放上天空，光彩夺人。

3. 喷染

如用白色的布制成风筝，用纸剪成花朵形放在白布上，再用紫色喷染，然后把纸片取掉喷染后的紫色布上就呈现出白色的花来。再用同样方法，用其他颜色喷染花芯。这种方法比用笔绘省时间，效果好。

4. 扎染

用布或纸，局部用线紧紧地绑扎起来，然后放进颜料里染。干后打开绑扎部分，形成自然的浅白色图案。用这种方法糊制风筝，

美丽而大方。

5．挖补

在用单色纸制作的风筝上，挖去各种图案再用彩色纸补上去，便形成了一幅幅美丽的图案。日本静冈县的菱形风筝就采用这种方法，美化效果很好。

DIY各式风筝

每一个风筝发烧友都希望拥有一只自己的DIY风筝，许多发烧友也认为制作风筝是风筝健身运动中的一大乐趣。

下面就向大家介绍几种风筝的制作方法，供读者们参考学习。

❖ 蝌蚪风筝

这种风筝制作起来非常简单，对材料的要求不是很高，只要按图制作均能达到放飞的目的。该风筝所用竹条骨架只有横竖2根，风筝的制作尺寸一般宽在450毫米左右为宜，太大太小均不适宜。以宽450毫米为例，横竹条宽度和高度为3毫米，若为减少些自重，在边梢部位可以对称地削到宽高均为2毫米。由于这种风筝在结构上属于半硬拍子类风筝，放飞时需要的风力一般在3级左右，所以，对于初学者来说，可以不必对竹条的宽厚顾虑太多，不只结构重一些，放飞时需要的风力稍大一些而已。

竖竹条的宽厚均为3.5毫米，长为620毫米。将横竖竹条十字绑在一起，蒙面材料可以采用皮纸、宣纸、无纺布、塑料薄膜、绢、尼龙绸等均可，若采用纸质的话，在边线处应用细线包边，以防止扯裂。将蒙面材料和竹条粘在一起，在尾部粘上宽40毫米，长1 500～3 000毫米的用与蒙面材料相同或是不同的材料做成的尾巴

（特别提醒：严禁使用金属膜及其他导电材料制作蒙面和尾巴）。按照一定的比例拴上提线，对于初学者，刚开始绑放飞提线时，由于没有经验，总是担心绑不好，其实，只要注意观察学习，很快就会掌握。为了便于放飞时进行调整，一开始可以将放飞线的长度留得长一些。对于拍子一类的风筝，由于其放飞结构的特殊性，在绑放飞线时，如果拴的长短不合适，也只是影响放飞的角度而已，这时反而有利于学习和掌握提线的调整。由于这种风筝的平衡主要是靠长长的尾巴，所以对风筝制作过程中的骨架要求并不是很高，是一种适宜初学者制作的风筝。放飞时将横条背面用细线拉住，使风筝变成弧形面，在风的作用下容易泻风，使得风筝飞行稳定。

关于蝌蚪风筝的蒙面绘画比较简单，与青蛙蝌蚪大同小异，如果想省事的话，可以将整个风筝以墨色染黑即可，放飞到天空中的效果也是有趣的。为了突出蝌蚪风筝摇摆的放飞效果，在风筝放飞起来以后，只要增加或减少尾巴的长短即可。如果飞行中的风筝特别平稳，可以逐渐减少尾巴的长度以增加风筝的摇摆，不过，这是以牺牲风筝的稳定性为代价的。

❖ 王字风筝

王字风筝，由其骨架形同王字而得名，北京人所称“屁帘儿”即指它。在各地均可见到这种风筝的影子，是许多喜欢放风筝而又没有专业制作经验的人都能制作放飞的一种“大众风筝”。

同蝌蚪风筝一样，这种风筝的制作尺寸也不宜过大，宽度在 550 毫米左右为宜。总共 4 根竹条组成骨架，骨架竹条尺寸同蝌蚪风筝基本一样，对竹条的制作精度要求不是很严，风筝的飞行稳定性同样也是依靠长长的尾巴来维持。

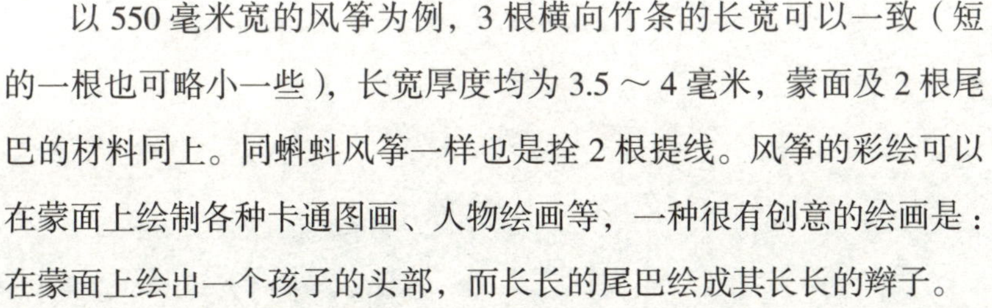

以550毫米宽的风筝为例，3根横向竹条的长宽可以一致（短的一根也可略小一些），长宽厚度均为3.5～4毫米，蒙面及2根尾巴的材料同上。同蝌蚪风筝一样也是拴2根提线。风筝的彩绘可以在蒙面上绘制各种卡通图画、人物绘画等，一种很有创意的绘画是：在蒙面上绘出一个孩子的头部，而长长的尾巴绘成其长长的辫子。

❖ 八卦风筝

八卦风筝是传统的中国风筝，在大江南北到处都可以看到它的影子。八卦风筝适宜在风较大的情况下放飞，放飞的经验表明：风力越大，风筝的放飞角度越大。因为属于硬拍子类，没有泻风的地方，所以这种风筝的风行状态和风力的变化有着密切的关系，如果风力不稳定的话，八卦风筝在飞行的时候，一扬一落，非常有趣。八卦风筝制作简单，对制作的材料、绑扎的要求不是很严格，只要按照下面的要求去做，一般都可以达到放飞的目的。

八卦风筝得名于风筝的外形为八角而来，因与中国传统的八卦相吻合，故多称为“八卦”。在绘画上，一般多绘以传统的八卦图形。八卦的骨架由 2 个正方形的架子组成，一般的正方形骨架大小在 500 ～ 1 000 毫米。只是 2 个正方形的大小要求一致，根据风筝的大小，500 毫米大小的可以只设 1 根竖向竹条。大于此规格的要设十字形骨架，竹条要大一些，在厚度方面比宽度大一些。以 500 毫米的八卦风筝为例，构成正方形的 4 根竹条宽高均为 3 毫米，长 500 毫米。用削好的竹条绑成 2 个正方形骨架，然后将 2 个正方形绑在一起形成八角即可。

风筝的蒙面材料同上述 2 种风筝采用的一样。风筝的提线为 3 根。同蝌蚪风筝一样，在放飞时，在风筝的中心部位也用细线将风筝拉成弧形，以利于风筝在飞行时泻风（如果不拉成弧形，风筝同样也能飞行）。

八卦风筝的绘画，一般都是采用传统的八卦图案。八卦风筝的尾巴一般采用的是在细线绳上绑上纸穗的方法。

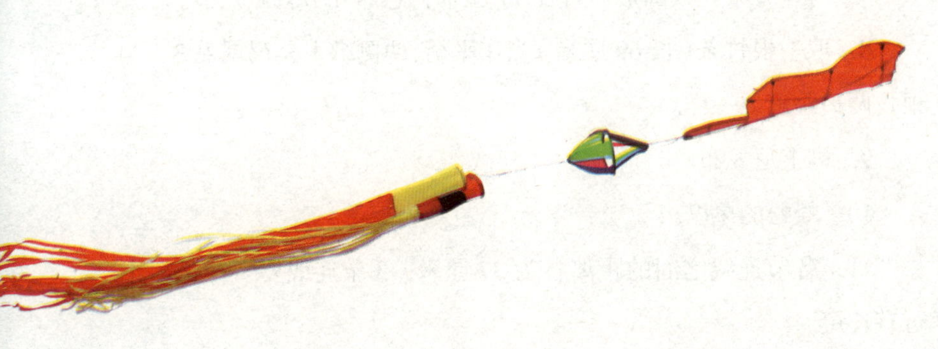

❖ 蜈蚣风筝

蜈蚣风筝其实是制作难度不大的风筝，就是工程量大些，年轻人轻易不要尝试，因为很费时间，而且家里会弄得很脏，但老年人比较适合。

首先，腰节和横担竹子尽量削得薄些、轻些，不用担心强度，绝对够用。

其次，拴腰节的3根绳不应有弹力，可将其先拉伸，再涂上稀释乳胶就没弹力了，一般用亚麻绳，待干燥后画上拴腰节的点。

最后，将腰节缝在钢绳上，缝的方向要一致，腰节就会整齐。有没有头都能放飞，按照以上要点稍作调整就能飞了。

1. 用竹条扎一个直径为17厘米的圆。

2. 做两个耳部和眼睛的外框。

3. 取厚纸片。

4. 剪成圆形，圆形的两面各贴上半面眼珠。

5. 将两只眼睛穿成一串，做成会旋转的活动型眼睛。

6. 扎成蜈蚣的头形。

7. 身体骨架扎成圆形，直径17厘米，想做几节就做几节。

8. 取一根竹条（长69厘米）当作平衡，两侧绑上公鸡尾毛3～4根，两边距离要一样。

9. 糊上尼龙布。

10. 蜈蚣的尾巴。

11. 各节连线之间的距离各为37厘米，3条连线要一样长，不可有长短。

12. 系上3条提线，一条在头的顶端，两条各在头部的两侧。

13. 依自己的创意着色。

享誉中外的风筝制作名家

❖ 张效东

张效东从小随祖父学习雕刻、国画和风筝制作。他领悟力强，喜欢研究，采众家之长。他第一个发明了集声、光、电于一身的动态风筝，在风筝的研制方面做出极大贡献。张效东多次在潍坊国际风筝会上夺得大奖，获得过“潍坊风筝明星”的奖牌和“潍坊工艺

美术大师”的荣誉。20世纪90年代国家文化部授予他“中国风筝专家”的光荣称号。2003年被编入《寒亭区志大词典》《潍坊美术名人录》。

他曾多次应邀前往塞舌尔、毛里求斯、新加坡等国讲学，传承风筝技艺，进行文化艺术交流。并受到书法家爱新觉罗·毓嵒、启功、欧阳中石，董寿平等人的赞誉题词。其扎制的风筝作品“金鸡报晓”被国家邮政局选中并作为邮票发行。世界各地的新闻报纸也经常为他做专题报道，称赞他是“风筝怪才”，是如今风筝圈内的领路人，

也是最具号召力的典型大师，为民间文化传播和风筝事业做出了巨大贡献。国内外各大风筝博物馆都收藏了他的许多风筝作品。

❖ 陈善庭

人称“陈扎彩”，也就是传说中的陈哑巴，他是清朝同治年间扬名海内外的风筝匠人。陈善庭擅长人物风筝。他把擅长的人物风筝改装成家禽走兽，制作了“十二生肖”风筝等为群众所熟知的各式各样的风筝，寄托了劳动人民质朴深厚的感情。

❖ 张衍禄

张衍禄的风筝手艺一般，但受惠于他所开的风筝铺，得以跻身于十一家风筝世家。他 20 岁时就开了风筝铺，有趣的是他边卖风筝，边介绍风筝典故，讲授扎制手法，顾客是先听再看后买，所以大家都很熟悉、信任他。

❖ 牟秀兰

牟秀兰，潍坊民间艺人牟恒帮之女，代表作是桶形风筝。其中彩绘牡丹是她的拿手好戏，故人们送她绰号“牟丹”。她制作的“牡丹仙子”，是依照她已彩绘好的画稿设计造型的，实际上是一种合线风筝，也叫作合放风筝。造型是根据人物和实物的形状扎制，加以工笔彩绘。风筝骨架是人物和盛满牡丹的花篮。

❖ 郭遒馨

郭遒馨，国画家、工艺美术家，潍坊人。他出身于书香之家，自幼受家庭熏陶喜爱美术。1919 年 12 月，于山东省立第一中学上学回潍后，与同学好友赫保真、傅柳坪组成研究国画的“益社”，并拜

潍县著名画家丁东斋、刘秩东为师，又参加了上海美专的函授学习。1922 年，在“益社”的基础上成立了“潍县同志画社”，他为主要成员之一。

❖ 胡敬珠

胡敬珠是潍坊最为著名的风筝艺人之一，11 岁的时候就开始学扎风筝。他的处女作就是一只龙头蜈蚣式样的风筝，形态优美，工艺十分精巧，彩绘也非常鲜明。他最拿手的是串式风筝，其中的腰节、用料、大小、厚薄都十分考究。他只要把竹节对称起来，就可以保证起飞效果，而且再加上蒙面的时候松紧适度，放飞容易起飞。根据天津的风筝艺人回忆，胡敬珠的串式风筝制作方式曾经被一位风筝艺人用记录本抄写在风筝爱好者的手中广为流传。胡敬珠中年时，在扎制潍坊的龙灯方面也有着独到之处，而且是一名“快手”。

❖ 杨同科

杨同科是今杨家埠风筝的代表人物之一。杨同科继承和发展了潍坊杨家埠风筝的创作方法。一方面详细研究了杨家埠年画和风筝的有关资料，总结了老式木版三色风筝的民间传统精华，另一方面既保持了杨家埠木版三色风筝的传统，又创新发展了风筝的题材和品种。

❖ 杨万善

杨万善，曾用名华南、达善，潍坊市人。人们曾把他与杨家埠的风筝区分为：杨家埠的风筝为“婆婆鞋风筝”，杨万善的风筝称“万善风筝”。他制作的风筝多属于象形类，以板子、桶式为主。杨万善的一大贡献是，创新和发展了“潍坊风筝碰”的制作技艺。他曾家

藏北方的和南方的“风筝碰”共二十几种，他制作的“碰”是在旧式框架结构基础上，用竹条绑扎，既能上天撒花，还能返回地面。

❖ 韩连溪

韩连溪，潍坊城区人，出身手工艺家庭。从未拜过师，却很会“偷师”。他受牟家风筝技艺的影响，凭着自小掌握的首饰制作技艺，集当时各家之长，创造出自己的风格。他扎制的硬翅风筝，构图奇特，代表作是“八仙飘海”“苏武牧羊”“钟馗捉鬼”“李逵探母”“仙鹤童子”等。在1993年春天潍坊的一次风筝大赛中，他制作的硬翅风筝，扎

制别致，起飞平稳，轰动了全场。

❖ 康万香

康万香，潍坊市东关后门街人。他能创作出各种造型、色彩不同的龙头，不少民间艺人赞扬他创作设计的龙头“构思独到，色彩相宜”。他制作的风筝大多是龙串。从他扎制的龙头蜈蚣风筝造型和色彩上，似乎可见民间风筝大色块、重彩的功夫，又有潍坊风筝高手们的写实风格，被人们称为“康派”。

❖ 孙永春

孙永春，1924 年生，祖父孙文彩是扎彩艺人，靠做画匠、学铜匠过日子，父亲孙德绍，字举信，生于 1883 年，是潍坊当代很有影响力的一位民间风筝艺人。1928 年，全家在潍坊东关镇武阁外开了“庆春风筝铺”。孙永春 12 岁开始跟父亲学扎风筝，以串式最拿手。其作品取材广泛，造型生动，色彩绚丽。

第六章

风筝比赛

世界闻名的风筝节

❖ 潍坊国际风筝会（节）

潍坊是风筝的发祥地。早在20世纪30年代，潍坊就曾举办过风筝会。改革开放以来，潍坊国际风筝会让风筝又焕发了生机，多次应邀参加国内外风筝展览和放飞表演。1984年4月1日，在美国友人大卫·切克列的热心帮助和山东省旅游局的大力支持下，首届潍坊国际风筝会拉开帷幕。1988年4月1日，第五届潍坊国际风筝会召开主席团会议。会上，由美国西雅图风筝协会主席大卫·切克列提议，与会代表一致通过，确定潍坊市为"世界风筝之都"。1989年，第六届潍坊国际风筝会期间，成立了由美国、日本、英国、意大利等16个国家和地区风筝组织参加的"国际风筝联合会"，并决定把总部设在潍坊。从此，潍坊成为世界风筝文化交流的中心，当之无愧地成了"世界风筝之都"。

潍坊国际风筝会是一年一度的国际风筝盛会，一般定于每年4月20–25日在风筝之都潍坊举行。自1984年举办第一届潍坊风筝节以来，吸引着大批中外风筝专家和爱好者及游人前来观赏、竞技和游览。

潍坊国际风筝节不但是交流风筝技艺的节日，也是了解风筝民俗文化的好机会。整个潍坊风筝节期间伴有丰富多彩的民间传统艺术活动。传统的民族花灯展览，在夜幕下呈千姿百态，栩栩如生；民族焰火，以其绝妙的燃放技巧，展现历史戏剧故事场景，令人不胜激动和赞叹。

❖ 法国迪耶普风筝节

风景如画的古城迪耶普，坐落在法国大西洋海滨。

迪耶普国际风筝节创立于1980年，每两年举行一次，是欧洲规模最大的风筝节，以注重国际化和多样性而闻名。最近两届风筝节期间，迪耶普吸引游客近50万人次。

第十四届风筝节于2006年9月9日至9月17日成功举行，来自37个国家和地区的专业及业余选手将用独具匠心的风筝作品表现当届风筝节的主题——我们的星球：漫步于动植物间。在迪耶普靠海约8公顷的草坪上，来自世界各国的专业选手和风筝爱好者们，借着大西洋的风，尽情放飞五彩斑斓的风筝，展示不同国家和地区的文化风情。

❖ 加拿大多伦多风筝节

由多伦多集贤会主办的国联风筝节，是加拿大最大型的风筝盛事。

一年一度的国联风筝节每年9月中旬在士嘉堡美丽径公园举行。

过去的几届风筝节，每年都吸引数以万计热爱风筝的本地人士及远从世界各地前来的游客参加。风筝节有多支来自世界各地，包括中国、美国的协会派出的风筝队伍，进行风格各异的风筝表演，让多伦多观众大饱眼福。

两天的活动吸引超过8万人次参加。现场设有大量特色小吃及各式玩意摊位，是一个不可多得的多元文化户外活动。

❖ 比利时克诺克海斯特风筝节

克诺克海斯特距比利时首都布鲁塞尔约110公里，这里不仅有著名的海滨浴场，还建有70多家艺术及古玩展馆，是一座文化氛围

浓郁的旅游城市。

创办于1995年的克诺克海斯特国际风筝节，每年8月的第一个周末在克诺克海斯特的海滨沙滩上举行，风雨无阻。来自英国、法国、荷兰、德国和新西兰等国的60多支风筝队到风景秀丽的海滨小城放飞他们亲手制作的风筝。

❖ 泰国曼谷风筝节

放风筝在泰国有很悠久的历史，泰国人一直都把它作为一种象征，它将满载着人们的梦幻和寄托以及精湛的手工艺飞向天堂。

每年3月，曼谷的王家田广场和帕玛尼场所是传统的放风筝中心。2007年是泰国国际风筝节走过的第9个年头，来自16个国家和地区的风筝爱好者用五花八门的风筝将春日的天空装点得绚丽多彩。飞翔的风筝既有平面的也有立体的，各种造型应有尽有。最壮观的要数12只巨型章鱼比翼齐飞的场面了，这些章鱼风筝分别来自法国、意大利、美国和新西兰4个国家。其中有的制作成本高达8千美元。

❖ 日本滨松风筝节

每年5月26日日本滨松地区都会举办风筝节。届时成千上万的风筝爱好者从世界各地来到滨松参加风筝比赛。

参赛风筝需精心设计，严格制作。参赛者要求技术高超，能够上下左右从容自如地驾驭空中的风筝。目前参加比赛的风筝多是庞大的“风筝王”和数目众多的“风筝龙”。往往需几个或十几个人组合才能操纵。1976年，有位餐馆经理曾用长5 430英尺的绳子放起1 050只风筝，每只相距5英尺，风筝总重量达330磅，打破了世界纪录。

目前日本每年风筝销售量高达600万只以上，除了国产，还大

批进口，贸易额达几千万美元。

❖ 印度艾哈迈达巴德风筝节

印度在每年的 1 月中旬都会举办一个非常盛大的国际风筝节。印度人通过举行风筝庆典来祈求丰收，家家户户在这天都会准备传统的芝麻糖并爬上屋顶放风筝，天空中布满了各式各样的风筝互相缠斗——从日出到日落，直到伸手不见五指时才收兵。

国际风筝节在古吉拉特邦艾哈迈达巴德市举行，来自 22 个国家和地区的风筝高手济济一堂，一显身手。除了传统形状的风筝外，还有许多颇具现代感的风筝，如火箭、卡通人物等。风筝是两千多年前由商人从中国带入印度的，后来每年的收获季节印度人都要举办风筝节来庆祝。

❖ 美国西雅图风筝节

美国国际风筝节由全美风筝协会同各州风筝协会轮流举办，每年一届，具体时间不固定，一般以举办地的适宜时节确定时间。风筝节由各州向世界各国发出邀请，每届都有几个或十几个国家和地

区的风筝代表队参加。

美国的风筝爱好者队伍庞大，年销售风筝 1.5 亿只以上，每年参加国际风筝节的人达几万人。地方举办风筝节时同时举办各类喜庆活动。

美国风筝活动比较活跃的城市有纽约、波士顿、华盛顿、西雅图等。西雅图是美国著名的风筝城市，美国航天博物馆就设在这里。博物馆里展出了各国的风筝和最早的飞机模型，吸引着众多的游客。

❖ 俄罗斯哈巴罗夫斯克风筝节

一年一度的俄罗斯哈巴罗夫斯克国际风筝节已成为极受当地风筝爱好者和广大民众、特别是少年儿童喜爱的盛大节日。

风筝节在每年 5 月底的周末举行，为期两天，举办地点选在阿穆尔河畔的风景区，吸引不计其数的当地百姓、远东其他地区慕名而来的观光客以及亚太地区外国代表竞相参与和观看。

俄罗斯哈巴罗夫斯克国际风筝节有来自俄罗斯、日本、韩国和中国的风筝代表团应邀参加。

❖ 南非开普敦风筝节

开普敦国际风筝节一般在 9 月下旬举行，每届都吸引数千名风筝爱好者聚集在著名的梅森堡海滩观看。

来自世界各地的风筝长空漫舞，其中不乏长达 50 米的巨型风筝，不禁让人惊叹。参加开普敦国际风筝节是当地人最主要的户外活动之一。

❖ 德国库克斯风筝节

德国北部港口城市库克斯，每年夏季，当地人都要在海滩举行国际风筝节。上百只颜色各异、样式新颖的风筝出现在城市上空，给当地增添了一道靓丽的风景。人们纷纷拿出自己精心制作的风筝一比高下。制作这些风筝，小的不过四五十欧元的开销，大的则要上万欧元。看这些风筝，有七星瓢虫、蜜蜂等昆虫造型，还有德国人喜欢的狗熊造型。

不过，最吸引眼球的还是来自中国的蜈蚣风筝。这么多漂亮的风筝在天上飞，小孩子们看得傻了眼，大人们则拿着相机不停地拍。

❖ 印尼巴厘岛风筝节

印尼巴厘岛近年为了重振当地陷入困境的旅游业，首府登巴萨市的塔那捞海滩举行了第一届巴厘国际风筝节。来自法、英、中、澳、加、韩、日等17个国家的代表队参加了这次口号为“为和平而飞”的风筝节。各式各样而又充满当地风情的风筝迎风飞舞。

风筝比赛规则

❖ 竞技风筝比赛

1. 运动风筝芭蕾赛为自编套路加配音乐进行（套路必须由国际运动风筝竞赛规则中的规定动作组成），时限为2～5分钟。

2. 音乐和动作图形须在比赛前交往裁判组，音乐刻录为CD光盘的第一首曲目。

3. 由裁判员根据动作编排、完成情况和空中表演效果进行评判。

❖ 打斗风筝比赛

1. 采取单淘汰赛方式，赛前抽签决定淘汰赛位置。

2. 现场抽签确定打斗台。

3. 在规定时间内，将对方风筝击破或将对方放飞线切断者为胜，胜者进入下一阶段比赛。

4. 每组比赛时间为 3 ～ 5 分钟。

5. 比赛中出现相同比分时，加时 2 分钟，如仍相同，主动进攻次数多者胜。

❖ 特色风筝表演

1. 最长风筝

在规定时间内（60 分钟），在大会提供的场地内进行自由放飞，以实际放飞长度进行丈量。

2. 最大风筝

按风筝的实际受风面积进行评判。

3. 最佳软体风筝

根据风筝的造型、色块、受风面积等因素进行综合评分。

4. 最佳空中效果

根据风筝的造型、动态、色块、空中远近效果等因素进行综合评分。

5. 优秀传统风筝

根据风筝的绘画、造型、用料及空中表现等因素进行综合评分。

❖ 国家风筝竞赛细则

第一章　裁判员和有关竞赛工作人员及其职责

第一条　裁判员和有关竞赛工作人员

（一）仲裁委员会 5 人

（二）裁判员

1. 总裁判长；

2. 副总裁判长；

3. 审核、检录裁判长 1 人，审核、检录裁判员若干人；

4. 工艺、放飞评分裁判长 1 人，工艺、放飞评分裁判员若干人；

5. 检查裁判长 1 人，检查裁判员若干人（每条道位 1 名）；

6. 道位裁判长 1 人，道位裁判员若干人（每条道位 2 名）；

7. 放飞指挥长 1 人，发令、计时员 1 人，风速测量员 1 人；

8. 编排、成绩公告裁判长 1 人，编排、成绩公告裁判员若干人；

9. 场地、器材组长 1 人，组员若干人。

第二条　裁判员和有关竞赛工作人员的职责

（一）仲裁委员会执行国家体委（82）体研字 8 号文件关于仲裁委员会的条例。

（二）总裁判长

1. 比赛前，对场地、器材、比赛日程及裁判员的分配等做好检查和安排工作；组织裁判员学习规则并进行考核。

2. 组织和领导大会裁判工作。必要时可临时调整裁判员的工作。

3. 掌握大会比赛进程，根据规则解决比赛中有关问题。

4. 遇裁判长的判定意见不一致时，可根据具体情况做最后决定。

5. 有权提出警告，技术犯规，取消犯规运动员的比赛资格和录

取资格，并处理比赛中提出的各种疑难问题。

6. 对比赛成绩进行审核，签字确认，并宣布大会比赛结果。

7. 比赛结束后，组织裁判员进行总结，写出书面报告送中国风筝协会。

（三）副总裁判长

1. 各副总裁判长应明确分工，并协助总裁判长领导大会裁判工作。当总裁判长因故缺席时，应指定一名副总裁判长代理其职务。

2. 审核场地、器材。

3. 检查和督促分管的裁判组工作。

4. 协助大会维持场内秩序。

（四）审核、检录裁判长及审核、检录裁判员

1. 审核、检录裁判长领导小组工作。核实风筝类别、型号、装饰品和“尾巴”，加盖风筝号印章。

2. 每项比赛开始前，审核、检录裁判员召集运动员按分组表点名。

3. 检查运动员的风筝类别、型号和准飞证，如有不符合要求者，不允许其入场比赛。

4. 组织运动员抽签决定道位，发放道位号码。

5. 审核、检录裁判长根据比赛进程和气候条件，在征得总裁判长同意后，临场有权调整已安排的分组，调整后的小组其道位仍由抽签决定。

6. 将检录单送到工艺、放飞、道位检查及编排、成绩公告四位裁判长和广播员处。

7. 审核、检录裁判员带领运动员到起点。

（五）工艺、放飞评分裁判长及工艺、放飞评分裁判员

1. 工艺、放飞评分裁判长领导有关工艺评分和放飞评分的裁判工作。

2. 评分小组

（1）大会设两个工艺评分小组，两小组组长分别由分管的副总裁判长和工艺、放飞评分裁判长兼任，裁判员 6 人。

（2）放飞评分小组 7 人，其中组长 1 人。其成员可由工艺评分小组成员兼任，也可单独组成。

（3）每个裁判员根据规则自行打分，不得商议，并填写评分表。判分后，去掉一个最高分和一个最低分，取平均分。

（4）工艺评分时裁判员对每一只风筝的评分差距超过 5 分，或放飞评分时裁判员对每只风筝的评分差距超过 3 分的，组长应立即召集裁判员开会，统一认识，并重新判分。如仍不能解决，要报请

总裁判长裁决。

（5）裁判长审核各风筝的评分表，签字后送编排、成绩公告组。

（六）检查裁判长及检查裁判员

1. 检查裁判长协助副总裁判长在比赛前复查比赛场地、器材；比赛中检查运动员从起飞到进入留计时区有无犯规情况。

2. 检查裁判长按规则规定，根据检查裁判员报告的运动员犯规情况，提出处理意见，并立即通知放飞指挥长、放飞评分和道位裁判长。

3. 检查裁判员按检查裁判长分配的位置和任务，负责检查工作。如发现运动员犯规和其他人员违例时，应立即明显地标出犯规地点，并向检查裁判长举旗示意，迅速填写犯规或违例情况报告表交检查裁判长。

（七）道位裁判长及道位裁判员

1. 道位裁判长领导道位裁判员在比赛前复查比赛场地，安装器材。

2. 记录起飞次数。

3. 记录留空时间，并 1 分钟报告一次时间。

4. 检查放飞远度线长度及定长标志；测量放飞角度，每 5 秒钟报告一次测角时间。

（八）放飞指挥长及发令员、计时员和风速测量员

1. 放飞指挥长一般是风筝比赛场内比较重要的指挥员。评分裁判一般是对放飞协议进行商定并指挥。

2. 风速测定员、比赛计时员、发令员进行工作。

3. 在开始比赛之前，风速测定员会检测风向，然后指挥长会获取符合标准，之后与裁判员、工艺员、放飞员等联系，开始鸣枪

比赛。

4. 如果在比赛过程中风筝线相互盘绕，道位裁判将会对运动实施换道。

5. 计时员和发令员将会按照指挥长的提示，开始鸣枪，并开始计时。

6. 当规定时间结束之后，计时员和发令员停表。表停止之后，经过指挥长的批准进行回表。

7. 如果在发令的时候使用照明弹，需要保管好弹药和枪支，除了空中不可以向任何地方发射。

8. 风速测定员要在比赛场地现场广播天气状况。

9. 每一组比赛之前风速测定员都要测定风速，并且播报给指挥官。

（九）编排、成绩公告裁判员和裁判长及编排

1. 依据比赛名单进行顺序编排，并进行风筝号码编排，之后编排比赛规章和秩序条例。

2. 准备好比赛登记表，包括姓名等级、成绩等级等，依照实际情况填写表格。

3. 把比赛成绩进行详细公布和核对。

4. 编制成绩手册，并且经过裁判长审核。

（十）场地、组员及器材组长

1. 依据规定进行场地和划线的测量。同一个场地需要有两个相互垂直的比赛区域。

2. 要把比赛场地基本平面图绘制下来，并进行编排，由成绩公告组完成。

3. 在比赛之前要向裁判长报告器材和场地准备状况。

4. 对场地进行净空和清理，保证顺序放飞。

5. 帮助维持会场秩序，避免外人进入。

6. 比赛之前要在场地安放对风向标志的袋子。

第二章　比赛通则

第一条　报名

（一）参加比赛者，必须按大会竞赛的各项规定办理报名手续。

（二）对参赛单位、运动员资格和项目有异议时，大会有权进行审查，如不符合规定，则取消其资格。

第二条　比赛

（一）运动员的参赛风筝和比赛成绩，必须符合本规则。

（二）大会须按抽签分组的道位发给每个运动员一块道位号码，戴于背后。

（三）准飞证是大会发给运动员参赛的重要证件。工艺评分送审和检录时裁判员有权核查。

（四）工艺评分是比赛的第一阶段，运动员应按规定的时间，按时送审，按号悬挂，及时退场。悬挂风筝时不要错位或悬挂在两个风筝的号与号之间。否则判技术犯规。

（五）各类型风筝面积的计算，以其受风面积的主体骨架为准。

（六）放飞线定长，除微型最少 10 米外，其他各类、型均为最少 30 米。放飞线定长标志，各队自标，但要醒目。大会有权审核。

（七）运动员必须提前 20 分钟到检录处点名，临场抽签分组分道。没有准飞证或无审核印章的风筝不允许参赛。凡三次点名不到者，按弃权论处。

（八）每组比赛时间限为 12 分钟，以鸣枪开始和结束。如受天气、时间等因素所限，总裁判长有权减少每组比赛时间，但最少时间不

得少于 6 分钟，其留空计时及评分标准也随之变更。

（九）进入起点的运动员，其风筝不得再试飞，否则判技术犯规。

（十）起飞时，风筝的主体应由助手举离地面，不允许直接从地面拉起。

1．飘带、“尾巴”或装饰品不受此限。

2．龙类风筝的头部和部分节片允许放置地面，但尾部必须举离地面。

3．软体类和广告类不受此限。

（十一）起飞时，举风筝的助手人数不限，但必须在该运动员放飞道内或放飞道延长线内活动，不得进入留空计时区或其他道位。否则判技术犯规。受风向影响，经裁判员同意，举风筝的助手可在纵向道位线的延长线之外的区域活动。

（十二）放飞开始前，龙类和串类风筝可以置于放飞区外的纵向道位线的延长线之间，放飞运动员不得出放飞区。其他各类、型的风筝和运动员，均不得出放飞区，否则判技术犯规。

（十三）超大型、大型的龙类或串类风筝，因气候因素，经裁判长同意，可采用 1 至 8 道先后起飞，以防缠绕。计时员按各道先后起飞时间计时。此时，应由一名副总裁判长到起点协调指挥。

（十四）技巧表演的助手可进入留空计时区，但要报告裁判员，并不得帮助放飞。否则判技术犯规。

（十五）放飞运动员的人数：超大型以队为单位，大型 3 人，中型 1 人。如减少人数，应在检录时声明，中途不得增减。否则判技术犯规。

（十六）放飞运动员超过 1 人时，均视为一人对待。任何个人未进入或离开留空计时区，均作为该运动员未进入或离开留空区处理。

（十七）在留空计时区内允许把线拐放在地上，但不得滚出自己的道位，也不允许打桩。否则判技术犯规。

（十八）30秒角度的测定，是取30秒内的最小角度和最大角度的平均值。一场比赛，每只风筝只有一次测角机会（含重飞的风筝）。测角时，可以中途退出但不得重测，中途退出即视为放弃测角。

（十九）凡参赛风筝为混合类，其所报参赛类别的面积应分别大于其相应的各个类别。

（二十）起飞完成后，在留空计时区内，其放飞线长少于规定标准，则判比赛结束。

（二十一）运动员在放飞中，冲撞、阻挡别人放飞；故意缠线妨碍他人放飞，即取消其比赛资格。因故受到影响的运动员，总裁判长可令其参加另一组的比赛，或令该组重新比赛（被取消资格的运动员不得参加）。

（二十二）运动员由于受他人推、挤所迫，跑出竞赛区，并未从中获得利益时，不应取消其比赛资格。但工艺、放飞评分裁判根据工艺、放飞评分裁判员，检查裁判员的报告，证明该运动员并未直接受他人所迫走出比赛区域，则应取消其比赛资格。

（二十三）竞赛风筝（含技巧风筝）必须由本人和参赛单位制作，大会期间不得转让他人使用。全国比赛严禁商品风筝或购买他队风筝参赛，一经查实取消比赛资格。

（二十四）赛前15分钟预告比赛即将开始，竞赛区域内停止一切放飞活动；也不允许赛场外的风筝进入赛场上空。凡不听劝阻者，罚扣该风筝放飞5分和该队团体总分2分；如缠绕正在比赛的风筝，则取消该风筝比赛资格并扣该队团体总分5分。

（二十五）比赛以某一类、型风筝的比赛为一单元，根据风向选

择比赛场地。一经确认，比赛中途不得变更。如入飞指挥长认为有必要变更比赛场地时，经总裁判长同意后，于该类、型所有运动员放飞后再行变更。

（二十六）比赛时的风力为 2 ～ 6 级。

（二十七）比赛时每条道位只允许放飞一只风筝，运动员不得超越道位的四条边线。龙类风筝放飞的道位采用 1、3、5、8 道。复线操纵风筝为单个放飞。其顺序由临场抽签决定。

（二十八）凡做技巧表演，应向审核、检录裁判长提出书面报告，无申请报告的技巧不予评分。已申请技巧表演的临场允许弃权，但技巧表演失败判技术犯规。未进入留空计时区的技巧，其动作视为无效。一个动作重复多次的，按一个动作评分。

（二十九）一场比赛，个人放飞的风筝限报 3 只。

（三十）微型风筝起飞失败，重飞时应向裁判员声明，以免因自然风吹起而误判。

（三十一）因气候因素未能按原定赛程进行放飞，最后一天采用集中抽签法，以一个类、型为界，限定某个时限结束比赛。在规定的有效时间内，因气候、时间等因素，大会无法安排的比赛项目，均做自动取消处理。

（三十二）凡超大型串类、龙类风筝（121 节以上），其长度已超过放飞场（含道位纵向延长线），经总裁判长同意，允许该两类风筝在鸣枪前将超长部分风筝节片预先放飞至空中待命，鸣枪后再将其他节片放离手。

第三条　赛次、分组

（一）比赛为一次决赛，按成绩录取名次。

（二）同单位的运动员应尽量编在不同的组别内。

第四条　判罚

（一）比赛中，运动员应当遵守规则和规程的规定，如有违反，视情节严重程度，总裁判长有权警告；判技术犯规、失败或取消其比赛资格。

（二）报错风筝类别扣 5 分，报错风筝型号扣 2 分。扣分后的风筝，允许调换类别和型号，如无该类别和型号则取消比赛资格。

（三）参赛风筝有“尾巴”，工艺评分时应送审，并自报其式样和大小。比赛中，如变换则扣 2 分。

（四）凡判为技术犯规，均扣 2 分。

（五）被判罚扣分的风筝，因故重赛时，原扣分有效。

第五条　缠绕

（一）碰线不是缠绕。比赛中，对将要缠绕的风筝，裁判员可通过调整道位来防止缠绕。换位时，留空计时有效。

（二）调整道位时，其道位裁判员也随之调入。为避免再次缠绕，裁判员可指定运动员进入某道位的某个位置（含纵向道位延长线的区域），其留空计时区应随之确定。

（三）第一、二次起飞失败被扣分的风筝，再次起飞时发生缠绕，原扣分有效。

（四）被缠绕的风筝应在 5 分钟内申请重赛，由领队或教练员填写重飞申请单，经检查，道位裁判长或放飞指挥长签字后报总裁判长批准。

（五）因缠绕使风筝受损，允许修补。如受损严重不能放飞，经总裁判长批准，可用同类、型号风筝替换，原工艺评分有效，不另评工艺分。

（六）龙类或串类风筝的自身缠绕不允许重赛。

（七）有意缠绕他人风筝者不允许重赛。

第六条　判定名次

（一）以工艺分与放飞之和由多到少排列名次。

（二）如遇二人积分相等，以放飞高者列前。如仍相等，则以第四章（二）放飞款中 1 ～ 6 分数的高低判定名次。

第七条　抗议

（一）对运动员参赛资格和风筝类、型有异议时，应在赛前向大会提出。

（二）对比赛中所发生的问题提出抗议时，须于事情发生 1 小时内向仲裁委员会提出。如未设仲裁委员会，则向竞赛组提出。

（三）任何抗议，均须通过本单位领队或教练员，按照规定时限用书面形式向仲裁委员会提出，交纳申诉费 100 元，方予受理。胜诉后如数退回。

（四）在问题解决前，运动员应按规定参加比赛。

第三章　风筝的分类标准

风筝是人们以重于空气的物质材料，经工艺美化制成的体积、重量、形状各异，利用自然的空气动力于地面（手上、水面）由人工操纵牵引的飞行器（不允许使用机械动力和电力能源）。按风筝的结构和形状，可分为龙类（含蜈蚣类）、板子类、立体类、软翅类、硬翅类、软翅串类、硬翅串类、板子串类、其他串类、软体类、复线或多线操纵类、广告类，共 12 类。除串类、软体类、复线操纵类和广告类外，其他各类均分微型、小型、中型、大型、超大型。

（一）龙类：按风筝桃子直径和节数分型，节数不包括龙头。

1．微型：直径在 6 厘米以下，20 节以上。

2．小型：直径在 10 ～ 15 厘米，40 节以上。

3．中型：直径在 20 ～ 25 厘米，60 节以上。

4．大型：直径在 30 ～ 35 厘米，80 节以上。

5．超大型：直径在 40 厘米以上，100 节以上。

（二）板子类，软、硬翅类：按风筝的平面面积分型。计算办法为风筝主体骨架的最长乘最宽，其积即为风筝的面积。

1．微型：面积在 0.05 平方米以下。

2．小型：面积在 0.1 ～ 0.3 平方米。

3．中型：面积在 0.5 ～ 0.7 平方米。

4．大型：面积在 0.9 ～ 1.1 平方米。

5．超大型：面积在 1.3 平方米以上。

（三）立体类：按风筝受风面的面积分型。计算办法为风筝主体骨架的最长乘最宽（或弦长），其积为该风筝的面积。

1．微型：面积在 0.05 平方米以下。

2．小型：面积在 0.1 ～ 0.3 平方米。

3．中型：面积在 0.5 ～ 0.7 平方米。

4．大型：面积在 0.9 ～ 1.1 平方米。

5．超大型：面积在 1.3 平方米以上。

（四）软、硬翅串类和板串类：以单个软、硬翅类和板子类各型风筝面积为准，每型风筝须 5 节以上。

（五）其他串类、软体类、复线操纵类和广告类均不分型。

第四章　评分细则

（一）工艺 40 分

1．造型 5 分

（1）根据不同主题和物体特征合理造型，3 分。

（2）形象生动，夸张得体，2 分。

2. 扎制工艺15分

（1）骨架结构简练匀称，4分。

（2）扣榫严密，4分。

（3）扎口严紧，4分。

（4）光滑均匀，3分。

3. 裱糊工艺5分

（1）糊口整洁、严实，2分。

（2）糊口服帖、平整，2分。

（3）糊面松紧适度，1分。

4. 美化工艺（绘画、剪纸、粘贴、刺绣、雕刻等各种艺术手法）15分

（1）线条流畅，5分。

（2）色彩对比分明，色泽鲜艳和谐，5分。

（3）艺术表现力，5分。

（二）放飞60分

1. 起飞10分

（1）鸣枪后，风筝全部离开举风筝助手的手和地面，放线30米以上（微型10米以上，并把风筝引进留空计时区为完成起飞）。如风筝在鸣枪前离手则判技术犯规。

（2）完全离开手和地面的风筝，在未进入留空计时区前风筝落地（包括装饰物和“尾巴”）为失败，允许重新起飞。起飞，每失败一次扣5分，三次失败取消放飞资格。第三次起飞成功仍可计分。

（3）起飞后的风筝，一旦引进留空计时区，如失败，无论起飞成功与否，均判比赛结束，不允许再重新起飞。

2. 留空时间20分

（1）留空时间为10分钟，完成起飞即开始计留空时间，裁判员每隔1分钟报告一次时间，每少30秒扣1分。

（2）留空计时区内的风筝，若放飞线少于定长，则判比赛结束。

（3）在留空计时区内，运动员的一脚或双脚离开留空计时区，即判比赛结束。

（4）完成起飞后的风筝，在留空计时区内，风筝落地（包括装饰物和“尾巴”），其留空时间少于5分钟（不含5分钟），则判失败。

3. 30秒测角10分

在留空计时区内，放飞线长30米以上（微型10米以上），运动员把放飞线下端固定在测角器上，测角时，裁判员每5秒钟读报一次时间。连续30秒钟，即完成测角时间。30秒内，线与地面的夹角（取其最小角度和最大角度的平均值）25度、30度、35度、40度、45度、50度、55度、60度、65度、70度分别得1、2、3、4、5、6、7、8、9、10分。

4. 放飞技巧10分

（1）放飞动作5分。在留空计时区内，根据不同题材，要求风筝放飞稳定或灵活，收线、放线运用自如。

（2）花样动作5分。运用收、放线动作使风筝翻腾（如龙）、打转（如鹰），变换位置；或有声响、烟火、“送饭”；或风筝某个部位能运动。花样动作与风筝的主题应相适应。

5. 空中效果5分

工艺评分的地面效果在空中得以体现；或地面效果不明显，而空中效果明显。

6. 印象、鼓励分5分

（1）在传统风筝的基础上是否有发展、提高、突破。

（2）放飞中运用声、光、电等高科技。

（3）有明显公认的地方特点，鼓励其保留的风筝，如南通的板鹞和阳江的龙。

第五章　犯规与失败

第一条　犯规

凡有以下情节之一者，均取消比赛资格：

（一）风筝比赛的放飞只能手工操作，不能借助于其他器材，如电动和遥控装置。

（二）放飞时，运动员超越放飞区域或道位。

（三）运用收放线有意缠绕他人风筝。

（四）放飞线定长标记脱落或未标。

（五）放飞时，未带准飞证或私自涂改准飞证。

（六）准飞证的类、型和放飞风筝编号不符。

（七）工艺评分后，风筝替换、转借、增减装饰品。

（八）检录三次不到者。

（九）放飞中，将出现缠绕或碰线时，不服从裁判员调度。

（十）软体风筝内有硬连接或内藏支撑物。

第二条　失败

（一）三次起飞失败者。

（二）留空时间少于 5 分钟（不含 5 分钟）。

（三）风筝主体损坏，散架，断线，脱手。

第六章　场地、器材

第一条　场地

竞赛场地有两种形式：

（一）长方形：竞赛场地长 80 ～ 150 米，宽 80 ～ 100 米。每条

南京
盘

南京市风筝运动协会
南京化学工业园区分会
Nanjing City Kite Sports

道位宽 10 米，长 80 ～ 100 米。以每条道位两端起，终点线为基准确性，分别划出两个宽 10 米、长 15 米的长方形留空计时区。

（二）凹凸形：场地基本结构与长方形场地一致，其区别在于：以起点线为基准，将 1、3、5、7 道的留空计时区沿道位纵向延长线向前（后）移 10 米。

（三）场地四周应尽量空旷和少有高大建筑物。

第二条　检查场地、器材

（一）检查场地、器材、风筝的钢尺和计时秒表，均须符合国家规定的标准，并经相关部门承认的合格产品，方可使用。

（二）丈量风筝的钢尺，应用以厘米为刻度的钢卷尺。厘米以下单位采取进位法，即 0.1 厘米进为 1 厘米。

（三）计算留空时间以分钟为单位，分钟以下单位采取进位法，即 1 秒进为 30 秒。30 秒测角以 5 度为计算单位，其平均角度值如有余数则进位于下一度数单位。

（四）放飞场地内不得有任何障碍物和与比赛无关的人员。

第七章　复线操纵风筝

（一）复线操纵风筝比赛，除采用本规则第一至第六章的条款外，另制定以下特殊规定。如本规定与第一至第六章条款有出入，以本规定为准。

（二）复线操纵风筝不分型，不评工艺分，允许购买商品风筝参赛。

（三）复线操纵风筝的引线，最少两根。

（四）复线操纵风筝的竞赛方式：

1. 个人赛：一人一只或多只风筝。

2. 团体赛：每队 2 ～ 3 人，每人一只或多只风筝。

（五）复线操纵风筝的放飞为单个放飞，其顺序由临场抽签决定。

比赛时间为 5 分钟。

（六）复线操纵风筝的动作规定

比赛分规定图形和自选图形动作。

1. 个人赛

（1）规定图形：按评分细则制定的图形进行比赛，风筝在空中运行的轨迹应与规定的图形相似。

（2）自选图形：运动员自定，赛前向工艺、放飞裁判长申报。自选图形不得与规定图形相同。

2. 团体赛

（1）全队协同放飞，使风筝同步运行并做相同的动作，充分展示全队操纵风筝的技术水平。

（2）规定图形：按评分细则制定的图形进行比赛，各人操纵的风筝在空中运行的轨迹应同步一致，并且和规定的图形相似。

（3）自选图形：参赛队自定，赛前向工艺、放飞裁判申报，不得与规定图形相同。

（七）放飞次数

每名运动员（队）进行两轮放飞，取其中最佳成绩为其成绩。

（八）助手人数

每名运动员配两名助手。一名托举风筝，协助起飞；一名在运动员身旁用旗语给裁判员示意动作图形。

（九）动作的完成

规定和自选图形，均应按规定顺序进行。各参赛图形之间可自由飞行。运动员在做每一规定或自选图形前应大声报告或由助手用旗语示意作为某动作的开始信号。在规定的 5 分钟时间内完成全部动作图形（含起飞）。

（十）放飞评分

1. 评分组由 5 名裁判员组成，分别打分。去掉最高分和最低分，取中间 3 名裁判员的平均分为运动员的得分。

2. 每名裁判员依运动员完成每个动作的准确度、控制能力、节奏等判分。

3. 未按规定顺序完成的动作或漏做的动作不予评分。

4. 运动员应在规定的放飞区域内操纵风筝，不得超越四周的边线。凡越线完成的动作，不予评分。越线的标准是两脚完全离开边线。

5. 凡超过规定时间完成的动作，不予评分。

6. 完成起飞后的风筝，如再次落地（含装饰物和“尾巴”），判比赛结束。

7. 团体赛时，裁判员应把一个队视为一个整体进行判分。

（十一）评分细则

1. 起飞 10 分

风筝全部离开举风筝助手的手和地面，即为完成起飞。起飞失败一次扣 5 分。第二次起飞失败再扣 5 分，第三次起飞只计放飞分，三次起飞均失败取消放飞资格。

2. 规定动作 60 分

（1）顺时针圆两个，要求动作柔和圆滑，圆周大小一致。每成功一个 5 分，满分 10 分。

（2）逆时针圆 2 个，要求同（1）。每成功一个 5 分，满分 10 分。

（3）正三角形 2 个，要求三边等长，转角相等，飞行轨迹重合。每成功一个 5 分，满分 10 分。

（4）正方形 2 个，每个 5 分，共 10 分。要求四边笔直等长，转角相等，飞行轨迹重叠。

（5）水平 8 字 2 个，每个 5 分，共 10 分。要求飞行动作从两圆切点开始并结束，每个 8 字由两个同样大小、彼此相切，并在同一水平线上的圆组成。

（6）垂直 8 字 2 个，每个 5 分，共 10 分。要求每个字由两个同样大小、彼此相切，并在同一垂直线上的圆组成。

3. 自选动作 30 分

自选动作图形 3 个，各队自报。每个动作 10 分。

以上是国际专业的风筝比赛详细规则，作为业余爱好者，可以制定一些简单的规则进行放风筝的小比赛。

比如说，可以制定为：

1. 在规定的时间、规定的范围内进行放飞。

2. 选手放飞时间为 15 分钟，看谁放的风筝高（相同高度则看远度）。

3. 放飞过程中若发生缠绕，要收起风筝重新放飞。

4. 所放风筝必须完整收回，否则不能获奖。

当然，作为普通的风筝爱好者，在平时活动中也可以制定一些详细的业余比赛规则，可以自行调整规则，下面给出一个较公平的风筝友谊赛的比赛规则：

（1）比赛将组织裁判现场评判，以哨为信号（开始、10 分钟、20 分钟结束）。

（2）不能在 10 分钟内放飞者，淘汰出局。

（3）起飞后，助手必须离开跑道，并在放飞过程中不得直接帮助参赛选手。

（4）比赛时长为 20 分钟。

（5）完成起飞后的风筝，裁判员依据风筝的稳定性、高度和参赛者的操纵技能评出一、二、三等奖各 3、5、7 名，并颁发奖状和奖品。

评分细则：

1. 风筝外观 10 分；

2. 风筝起飞是否平稳 20 分；

3. 风筝飞行是否稳定 20 分；

4. 风筝定高是否稳定 20 分；

5. 空中放飞技术 20 分；

6. 风筝创新 10 分。

犯规细则：

1. 风筝的起飞只能由参赛者及其助手手工操控，不能借助其他人或机器；

2. 放飞风筝时参赛者只能站在规定赛场区域内；

3. 不得恶意与他人的风筝碰撞、缠线。

最后需要强调的是，风筝作为我国劳动人民智慧的结晶，象征着和平友好。风筝比赛是一项象征友谊的活动，筝友们在比赛中除了要掌握必要的风筝技术与技巧之外，还要懂得去感受风筝带来的乐趣，懂得去收获友情。

图书在版编目（CIP）数据

风筝/徐吉庆编著.--长春:吉林文史出版社,2014.1（2023.6重印）

ISBN 978-7-5472-1916-4

Ⅰ.①风… Ⅱ.①徐… Ⅲ.①放风筝 – 基本知识 Ⅳ.①G898.1

中国版本图书馆CIP数据核字(2014)第007089号

风筝

FENGZHENG

出 版 人　张　强
主　　编　南来寒
编　　著　徐吉庆
责任编辑　王　新
封面设计　袁　野
出版发行　吉林文史出版社
地　　址　长春市福祉大路5788号
网　　址　www.jlws.com.cn
开　　本　720mm×1000mm　1/16
印　　张　12
字　　数　100千
印　　刷　天津市天玺印务有限公司
版　　次　2015年5月第1版　2023年6月第6次印刷
书　　号　ISBN 978-7-5472-1916-4
定　　价　59.80元